普通高等职业教育规划教材
21世纪卓越汽车应用型人才培养专用教材　总主编　邹晓东

汽车商务沟通与谈判技巧实训

组　编　中锐教育研究院
主　编　刘　韵

同济大学出版社
TONGJI UNIVERSITY PRESS

内 容 提 要

本书根据德国工商大会(IHK)教学模式和教学标准，结合中国汽车企业人才需求标准，将引进的德国汽车技术服务类课程经过本地化改编而成。内容组织上以工作过程系统化为导向，以学习情境为教学单元，将工作过程系统地映射到教学过程中。通过完成学习情境中设定的任务和项目，采用知识准备、小组讨论或小组演练、学习评估等教学环节达到培养学生专业能力、个人能力、社会能力的教学目标。

本书是中锐华汽教育推出的汽车技术服务与营销专业课程系列教材的第1个学习领域"汽车商务沟通与谈判技巧实训"。全书共分为5个学习情境，包括11个任务，共48课时。内容包括谈判准备，谈判开局，谈判摸底，价格谈判，谈判成交等。

本书用于高等职业院校汽车技术服务类专业学生课堂使用，随本书配套有相应的电子版教学资源文件包供广大师生教学和学习使用。

图书在版编目(CIP)数据

汽车商务沟通与谈判技巧实训/刘韵主编；--上海：同济大学出版社，2014.1（2019.8 重印）

ISBN 978-7-5608-5387-1

Ⅰ.①汽… Ⅱ.①刘… Ⅲ.①汽车-销售-商务谈判-高等职业教育-教材 Ⅳ.①F766

中国版本图书馆 CIP 数据核字(2013)第 320232 号

普 通 高 等 职 业 教 育 规 划 教 材
21 世纪卓越汽车应用型人才培养专用教材　总主编　邹晓东

汽车商务沟通与谈判技巧实训

组编　中锐教育研究院　**主编**　刘　韵

责任编辑　陈佳蔚　**责任校对**　徐春莲　**封面设计**　王　璐　**项目执行**　陈佳蔚　王　璐

出版发行　同济大学出版社(www.tongjipress.com.cn
　　　　　地址：上海市四平路 1239 号　邮编 200092　电话 021-65985622)
经　　销　全国各地新华书店
印　　刷　常熟市大宏印刷有限公司
开　　本　889 mm×1194 mm　1/16
印　　张　8
印　　数　10001-11100
字　　数　256 000
版　　次　2014 年 1 月第 1 版　　2019 年 8 月第 8 次印刷
书　　号　ISBN 978-7-5608-5387-1

定　　价　24.00 元

普通高等职业教育规划教材
21世纪卓越汽车应用型人才培养专用教材

编审委员会

序(一)

职业教育与普通教育的显著差别，在于职业教育是一种跨界的教育。职业教育所具有的这一跨界特征，集中表现在如下三个方面：

其一，校企合作的办学模式，跨越了传统的只有学校一个学习地点的围城，由此，职业教育既要关注学校教育的规律，还要关注企业教育的规律；

其二，工学结合的人才培养，跨越了传统的只有课堂一种学习方式的视域，由此，职业教育既要关注基于认知的学习方式，又要关注基于工作的学习方式；

其三，职业教育的培养目标，跨越了传统的只有教育一种社会功能的范畴，由此，职业教育既要关注教书育人张扬个性的教育目标，又要关注服务经济社会发展的目标。

纵观世界，凡是职业教育比较发达的国家，例如，德国、瑞士的“双元制”职业教育、澳大利亚的“技术与继续教育”等，正是由于其遵循了这一跨界的基本规律，都为各自国家经济、社会的发展，提供了大批高质量、高素质的技能人才，使得职业教育成为国家核心竞争力的要素。

任何类型的教育，课程始终是人才培养的核心。跨界的职业教育，其课程也必然要遵循跨界的基本规律。20世纪末，德国“双元制”职业教育对课程进行了全方位的改革，提出了被称为“学习领域”的课程方案。这是在对传统的、基于知识存储的学科系统指向的课程的革命性突破的基础之上，所提出的一种现代的、基于知识应用的工作过程导向的课程。

德国职业教育发展的这一宝贵经验，为中国职业教育的改革提供了学习和借鉴的参照。伴随着中国改革开放30多年的进程，中国职业教育如何才能为国家现代化建设培养大批既能满足经济发展需要，又能满足个性发展需要的高素质技能人才呢？为此，我国职业教育战线的有识之士，紧密结合国情，对此进行了卓有成效的探索。近十多年来，随着德国基于工作过程的学习领域课程的引入，也引发了我们对职业教育课程本质的思考：要实现企业需求与个性发展的集成，进而实现职业性与教育性的结合，一方面要求课程改革必须从知识的存储为主转向知识的应用为主；另一方面，还要求学习国外的经验必须从简单照搬转向借鉴创新。近年来，在课程改革的过程中，我们通过融入中国哲学思想的本土化尝试，在德国工作过程导向的课程方案的基础上，提出了工作过程系统化的课程方案，从而在理论创新和实践探索方面，都取得了较大的成效。

所谓工作过程系统化课程，其本质在于：第一，课程体系的构建必须遵循职业成长的规律和认知学习的规律，要把功利性的需求与人本性的发展结合起来；课程体系中的每一门课程，都是一个经过教育学的“模式化处理”的、源于实践而高于实践的完整的工作过程，课程名称采用动宾结构的词组而非纯名词的词组，以突显职业教育的特征；第二，每门课程的设计必须由三个以上的学习情境构成，旨在通过基于同一范畴的三个以上工作过程的比较学习，使学生通过“比较—迁移—内化”的学习过程，获得思维方式的训练，以获得可持续发展的能力。在这里，学习情境的设计还要遵循两个重要原则：一是学习情境的设计必须具备典型的工作过程特征，即要突显不同职业在工作的对象、内容、手段、组织、产品和环境等六个要素的特征，这是对已经存在的、与职业相关的具体工作过程的映射与把握，旨在使学生获得从业的职业能力；二是学习情境的设计还必须实现完整的思维过程训练，即要完成逐步增强的所谓资讯、决策、计划、实施、检查、评价的"六阶段"训练，这是对指导一切具体工作过程的"工作过程"——思维工作过程的概括与抽象，以应对未知的职业具体工作过程，旨在使学生获得致力于自身发展的方法论能力。

令人欣慰的是，近年来，工作过程系统化课程已逐渐为广大职业院校所认同。职业教育的课程，已逐渐摆脱传统的学科结构系统化课程的束缚，向着更加符合职业教育规律的工作过程系统化课程的改革方向前行。而更加令人高兴的是，除了教育部门的职业院校和经济部门的行业企业，在职业教育受到越来越多的社会各界重视和关注的同时，国内的一些教育集团或公司，更是对职业教育注入了极大的热情，并身体力行，在职业教育的课程开发和教学软件等方面，做出了很大贡献。

其中，致力于职业教育投资、管理和服务的中锐集团公司，就是众多成绩和效果都比较突出的公司中的一个。中锐集团公司顺应市场需求，以汽车职业教育为龙头，与国内40多所高校共建汽车职业教育汽车学院与实训基地，并结合国内汽车企业相关岗位的用人标准及国内高职院校的实际情况，在参照德国"工作过程导向"的学习领域课程方案的基础上，根据我国自行开发的工作过程系统化课程的理论创新和设计思路，编写了一套相关教材。

例如，"汽车检测与维修专业"，首先，在课程体系的开发方面，设置了17个学习领域。这17个学习领域课程被分为三个学习阶段：第一阶段以学习汽车维护保养和机械结构检修为主，第二阶段以学习汽车电控系统检修为主，第三阶段以学习汽车综合故障诊断和整车性能检测为主。这样的递进安排遵循了由浅入深、由简单到复杂、由经验到策略的技能成长规律；其次，在每门课程的开发方面，又为每一学习领域设置了三个以上的学习情境，每一学习情境又都是一个完整的工作过程，遵循比较—迁移—内化的学习规律。

在逻辑上，这些学习情境之间具有平行、递进和包容等关系。比如，"汽油发动机管理系统故障诊断与维修"学习领域，设置了"空气供给系统检修"、"燃油供给系统检修"、"点火系统检修"、"排放系统检修"、"综合故障检修"等5个学习情境，前4个学习情境之间为并列关系，第5个情境与前4个情境为包容关系。每一学习情境的内部结构，也是按照完整的工作过程序化的，如在"空气供给系统检修"这个学习情境中，根据故障检修的实际工作顺序，又分为"空气流量计的检修"、"进气压力传感器的检修"、"节气门体的检修"三个阶段性的任务。

由于课程设计始终遵循"操作步骤重复而内容不重复"的工作过程系统化原则，通过对5个学习情境所体现的检修工作过程的比较，不仅能使学生把握"空气供给系统检修"的具体工作过程，而且能逐渐把握"资讯、决策、计划、实施、检查、评价"的思维工作过程。其中，在"资讯"环节给出汽修行业操作规范的共性的操作步骤；在"计划"和"实施"环节，要求学生结合在教学中使用的多种不同实训车型，制定出差异化的工作计划并实施；然后通过对不同实训车型的重复多次的操作，不仅可使学生达到职业要求的熟练操作程度，而且又通过对不同实训车型制定不同实施方案的比较学习，有利于培养学生应对同一工作过程中出现的不同情况而采用不同处理方法的能力，最终实现由经验型技能向策略型技能的跃迁。

中锐教育集团在研发这套教材的同时，还开发出了配套的教学设备和教学软件，实现了课程教材、教学设备、教学软件三个教学元素的一体化。这就使得职业教育的课程开发、教学实施，获得了相关教学资源的支撑。

总之，这套教材不仅引入了德国的“双元制”职业教育理念，而且结合了中国汽车行业对人才的需求和岗位要求，体现和反映了中国汽车行业的一些特点。

真诚希望中锐教育集团公司这套教材的出版，能对我国汽车职业教育的教学改革和创新有所裨益，也期待有更多的教育公司等社会机构，参加和参与职业教育。

同样，祈望各位读者朋友们，也能对这套教材提出宝贵的意见和建议。

升级版的中国经济发展，呼唤着升级版的职业教育，让我们为之奋斗吧！

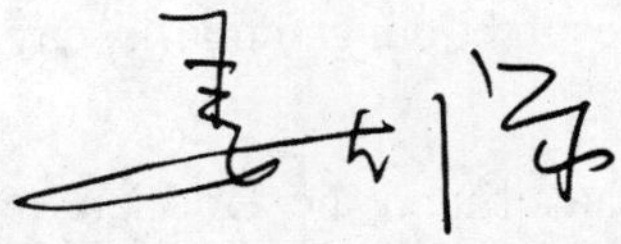

（教育部职业技术教育中心研究所研究员）

2013年7月20日

Vorwort

Gerne komme ich der herzlichen Einladung der Chiway Education Group Shanghai nach, dieses Vorwort zu verfassen.

Bereit seit Jahren verfolge ich äußerst interessiert die Entwicklung der Chiway Education Group Shanghai im Bereich der beruflichen Bildung. Dabei beindruckt mich insbesondere ein derzeit laufendes, innovatives Berufsbildungsmodell, das sich durch die Kooperation zwischen Industrie und Schule auszeichnet.

Der Austausch und die Kooperation zwischen China und Deutschland im Bereich der beruflichen Bildung entwickeln in einer sehr positiven Art in schnellen Schritten immer weiter. Die AHK widmet sich dabei intensiv dem Transfer dualer Prinzipien des bewährten deutschen Systems der dualen Berufsausbildung nach China.

Nach mehrjährigen Erfahrungen bei der Übertragung und Durchführen wurde immer klarer, dass wir in China andere Voraussetzungen als in Deutschland vorfinden. Daher kann und darf das deutsche System der dualen Berufsausbildung nicht einfach kopiert werden.

Jedoch hat die Idee der dualen Berufsausbildung in China bereits fruchtbaren Boden gefunden um sich weiter zu entwickeln und alle beteiligten Parteien wie berufliche Schulen, Berufsbildungsgruppen und Unternehmenkönnen davon profitieren.

Chiway, als eine markführende Berufsbildungsgruppe hat bereits viele interessante Erfahrungen mit dem Berufsbildungsmodell gesammelt und konnte dadurch große Erfolge erzielen. Bildungsaktivitäten wie Curriculum Entwicklung, Unterricht, Zusammenstellung der Lehrbücher, Einführen der praktischen bzw. betrieblichen Ausbildung seien hier beispielhaft angeführt.

Durch den Aufbau einer strategischen Kooperationspartnerschaft mit der AHK stärkt Chiway zugleich die Kooperation und den Austausch mit Deutschland im Bereich der beruflichen Bildung.

In Deutschland benutzt man eine Vielzahl von Lernmaterialien, unter anderem sollen die Schüler Arbeitsaufträge erledigen und Arbeitsblätter bearbeiten. Bereits in die Unterrichtsvorbereitung muss der Lehrer viel Arbeit und pädagogisches Geschick legen. Im Unterricht werden die Schüler arbeitsprozes-sorientiertherangeführt Arbeitsblätter zu bearbeiten, Arbeitsaufträge zu erledigen, und Projekte selbstständig durchzuführen. Hierdurch stehen die Schüler im Unterricht im Mittelpunkt und werden zum aktiven Lernen motiviert.

Die Situationen in Deutschland sind anders als in China, auch der Markt in Deutschland ist anders, d.h. der Markt in Deutschland dafür reifer als in China.Die deutschen Arbeitsaufträge oder Arbeitsblätter einfach unverändert in chinesische Lehrbücher zu übernehmen kann sicherlich nicht erfolgreich sein. Daher hat Chiway die deutschen Ideen zur dualen Berufsbildung, die vom Ausbildungsumfeld und den betrieblichen Bedürfnissen ausgehen aufgegriffen und innovativ auf die chinesischen Verhältnisse angepasst.

Die praxisorientierte Durchführung der Berufsausbildung durch Chiway bringt uns viele wertvolle Erfahrungen beim Transfer der deutschen Berufsbildung nach China. Die innovative Entwicklung der chinesischen Berufsbildung wird davon profitieren und sich auszahlen.

Ich wünsche Chiway weiterhin viel Erfolg im Bereich der beruflichen Bildung.

Britta Buschfeld
2013.7

序(二)

应上海中锐教育集团盛情之邀,为这套教材作序。实际上近些年个人一直在关注中锐的职业教育工作,吸引我的是其正在实践和创新的产教合作职教模式。

中德之间在职业教育领域的交流和合作一直在蓬勃进行当中,德国工商会也一直致力于把德国的职业教育体系双元制原则引入到中国。经过不断地尝试和实践,我们发现,中国与德国国情不同,无法照搬照抄德国双元制职业教育体系,但双元制的职业教育理念在中国获得了丰富的土壤,职业院校、职教集团、用人企业都获益匪浅。中锐作为一家领先的职业教育集团,在职业教育模式上做了很多有趣的尝试并获得了很大的成果,其中就包括在课程开发、教学、教材编写、学生实习实训等教育活动中引入德国的双元制职业教育理念。同时,中锐也通过与德国工商大会上海代表处建立战略合作关系加强了与德国职业教育领域的合作和交流。

实际上,原汁原味的德国职教模式在教学中使用多种素材,其中包括项目单或工作页,教师在课堂下做足功夫,课堂上按照项目教学法及面向工作过程教学法引导学生完成项目单或工作页内容的填写,充分发挥学生在教学中的主体作用,调动学生学习的主动性和积极性。中国与德国国情不同,汽车市场的发育成熟度也不一样,在教材内容的选择上,简单照搬德国项目单或工作页上的内容显然是行不通的。对此,中锐在引进和吸收德国职业教育的思想和理念基础上,根据教学环境、企业需求等实际情况进行了本土化的创新。

中锐的职教实践为我们总结出了很多值得借鉴的德国职教模式中国本土化的宝贵经验。中国职业教育的创新发展必能从中获益。

祝愿中锐教育集团在职业教育领域再创辉煌!

Britta Buschfeld
(德国工商大会 职业培训与教育总监)
2013年7月

前　言

沟通是一门艺术，也是一门学问。在市场经济高速发展的今天，商务沟通及谈判显得尤其重要。

汽车产业作为我国最重要的支柱产业之一，在促进我国国民经济发展中起到了重要的作用，同时我国汽车工业也进入了激烈的竞争阶段。汽车产业中的从业人员要想在汽车商务谈判方面与别人进行良好的沟通，想要在汽车商务沟通及谈判中游刃有余、取得令人瞩目的成就，就需要了解商务谈判这方面的知识，掌握一些汽车商务谈判方面的技巧与策略。

沟通的精髓是增强职业竞争力的有效保证，鉴于汽车商务沟通与谈判的重要性在现代社会中正日益显现，中锐华汽教育推出了本学习领域。

本学习领域是中锐华汽推出的高等职业院校汽车技术服务与营销专业12个学习领域中的第1个学习领域。根据高等教育改革的方向，结合汽车销售企业对各岗位人员的沟通及谈判能力的要求，按照情境式和任务式教学方法编著了本书。通过本领域的学习，能够让高职院校的学生掌握汽车商务沟通及谈判的基础技能，为日后的工作打下坚实的基础。

本领域共5个情境，11个任务，共48课时。内容包括谈判准备，谈判开局，谈判摸底，价格谈判，谈判成交。

本学习领域通过学习目标、情境导入来引导学生思考，再通过学习情境下分配的任务共同完成整个情境的学习。在每个学习任务里，通过“知识准备”环节的学习掌握商务沟通及谈判的理论基础，并通过完成小组演练中设定的汽车企业销售或服务环节，增加实战体验和经历，从而进一步掌握理论知识。

本书由刘韵担任主编，庞锐商学院的常琳和李楠以及湖南信息职业技术学院的张利参与编写。在本书的编写过程中，机械工业教育发展中心主任陈晓明、教育部职业技术教育中心研究所研究员姜大源、德国工商大会(IHK)上海代表处职业培训与教育总监白丽塔(Britta Buschfeld)等给予了指导并提出了许多宝贵意见，在此深表感谢。

由于编者水平和能力有限，书中难免会出现一些不足与错误，敬请广大师生谅解和批评！

编　者

2014年1月

目 录

学习情境1　谈判准备

学习目标

1. 能够运用商务沟通的基本技巧；
2. 能够完成商务谈判开始前的准备工作；
3. 能够拟定谈判议程。

自我介绍

6～8人为一组，选出组长，准备5分钟，用一句话介绍一下自己的姓名及优点，填入表1-1中。

表1-1 自我介绍

姓 名	
优 点	

情境导入

小李是某4S店销售顾问，客户张先生两周前在小李处订购了一辆新车，订单到期日为明天。但由于物流在运输途中遇到高速公路封路，故原本今天下午就能到的新车将延迟三天才能到店，张先生的新车也在这批延迟的车辆名单中，小李打算在下午见面时告知张先生此事。

下午张先生如约而至，整个沟通过程很不顺利，张先生不愿与小李继续就此事进行商讨。

小李无奈下只能求助销售经理帮忙，销售经理在了解完过程后，要求小李学习以下内容，并总结本次沟通工作的经验和教训。

任务 1　体验商务沟通技巧

学习目标

体验基本的商务沟通技巧。

学习内容

1. 商务沟通内容概述；
2. 商务沟通基本技巧。

知识准备

1. 商务沟通的概述

1）正确的沟通方式

沟通并不是一个简单的一方说，另一方听并执行的过程，这样的结果往往是不理想的。

沟通是一个双向交流、相互反馈的过程。发送方将信息传递给接收方，接收方将理解的信息内容反馈给发送者，发送者对接收方的反馈信息进行补充、修改或确认，再反馈给接收方，如此反复循环，达到双方目标一致。沟通方式如图 1－1 所示。

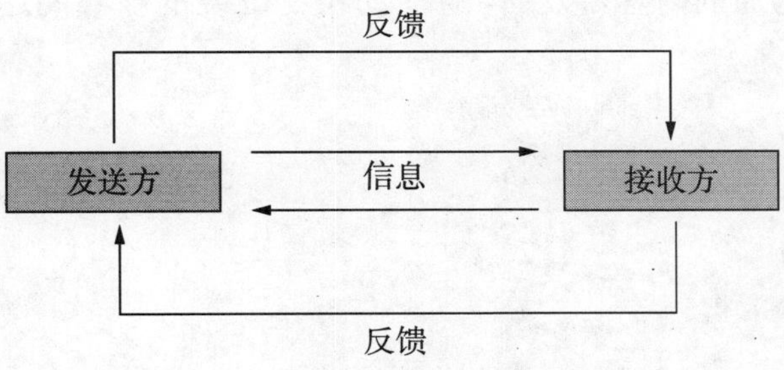

图 1－1　沟通方式简图

2）商务沟通的定义

商务沟通是指不同个体或组织在商务活动中围绕各种信息所进行的传播、交换、理解和说服的工作。其核心在于“通”，即开解、说服并采取行动。

2. 沟通障碍

沟通障碍是指影响沟通双方信息传递，导致沟通信息无法完整理解的因素。

沟通一般受情绪、背景差异、措辞不当、主观因素以及客观环境等因素产生障碍。没有技巧的沟通容易导致沟通不畅。

3. 商务沟通技巧

学习商务沟通技巧的目的是为了避免沟通障碍，使沟通更顺利、完整地进行。

1）沟通前准备

要有效地进行沟通，就必须明了沟通的基本内容，并进行细致的分析及准备。

沟通前的首要工作就是沟通前准备，准备包含的内容如图 1－2 所示。

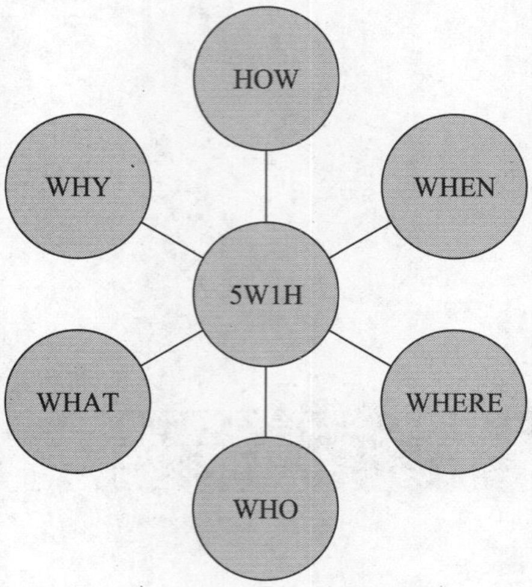

图 1－2　5W1H 基本图形

（1）WHY（为什么）

是指沟通的目标或目的。如果目标不明，整个沟通过程就会不如人意。

沟通的目的有告知、说服、影响、教育、慰问、娱乐、劝导、解释、刺激、启发等。

（2）WHAT（何事）

是指沟通的主题，即沟通的内容，包括沟通活动精密围绕的核心问题或话题，并充分结合肢体及语调表达。

内容分析：

① 我到底想谈什么？

② 我需要讲什么？

③ 他们需要了解什么？

④ 哪些信息可以省略？

⑤ 哪些信息必须采用，以做到沟通内容清楚、有建设性、简明扼要、正确、完整。

（3）WHO（何人）

是指沟通的对象。

对象分析：

① 沟通对象是谁？属于哪一类人群？

② 他们的性别、年龄、种族、民族、受教育程度、地位、身份、职业、经历如何？

③ 沟通对象对沟通信息了解多少？

④ 沟通对象对沟通本身和沟通信息的内容持什么态度？欢迎还是排斥？会如何反应？

（4）WHERE（何地）

是指沟通的地点，即沟通活动发生的空间范围，包括地理区域、特定场所和室内布置等。

地点分析：

① 要让沟通对象感受到重视，安静独立的空间；

② 选择能让对方感到舒适，并在心理上能尽可能放松警惕的地点。

(5) WHEN(何时)

时间对沟通效果的影响非常复杂,是受多方面影响的。沟通时间的选择最好是在自己做完准备后,并且沟通对象觉得方便时。

时间分析:

① 不同的人在作息规律上存在很大差异;

② 不同的人具有不同的时间观念;

③ 不同的时间会影响人们对信息的理解。

(6) HOW(如何)

是指实现沟通目标的手段,应使用技巧掌握主动权。

考虑因素:

① 信息的表现形式,如文字、图片、多媒体、身体语言以及为信息成功传递的一些证明材料等;

② 沟通媒介、口头沟通及书面沟通;

③ 采取什么样的语气及表达风格,如庄重、轻松等;

④ 应当避免哪些词汇、动作;

⑤ 如何布置和安排沟通的场所;

⑥ 沟通的时间选择上要注意哪些事情;

⑦ 解决方案的准备。

在对沟通过程进行计划时,应该根据不同的情况选择最合适的表达方式。

【案例分析】

以情境导入的案例为例,假如现在我们就是销售顾问小李,当我们知道客户张先生的车将在 3 天后到店,明天给不了车的这一情况后,在与张先生沟通前,我们就要先制定 5W1H 准备表,准备完成后再与张先生沟通。准备内容如表 1-2 所示。

表 1-2 5W1H 准备表

沟通目的	解决车辆延迟到店问题
沟通内容	客户张先生所订的新车在物流运输中遇到高速公路封路,无法在张先生订单日期前到达,告知张先生此情况,并共同商量解决方案
沟通对象	客户张先生,在签订单时张先生提过他着急用车,原因是他的旧车即将要过户,自己做生意很需要车,希望订单车辆早日能到
沟通时间	张先生来店后
沟通地点	单独洽谈室,VIP 客户休息室
沟通方法	1. 据消息说车辆三天后到,想办法联系货运司机询问具体位置,在与张先生交谈中告知他,这样能让他放心,让他相信三天后确定能到达,并站在张先生的角度急他所急,不能表现出无所谓的态度。 2. 查询库存,有没有张先生所订的同一配置的其他颜色的车型,或者同一颜色的其他配置车型,可供张先生选择,如果张先生同意更换颜色,可以立马提车。 3. 与销售经理沟通,如果客户坚持要求按合同执行,公司能给予支持的预备方案。 4. 与销售经理沟通后,销售经理表示,考虑到客户延迟三天提车的损失,我们提供两个方案: (1) 张先生三天中所产生的交通费,公司承担。 (2) 公司可以提供一辆工作车及一名司机供张先生使用三天。 5. 为张先生提供小礼品以表达歉意

2）充分的表达

沟通前的准备完成后，有效发送信息的技巧就是将沟通的内容进行充分的表达。

柏克莱加州大学艾伯特教授的一项为期 10 年的研究表明，一个充分表达由 55%的外形与肢体语言、38%的语调及 7%的话语内容构成，如图 1-3 所示。

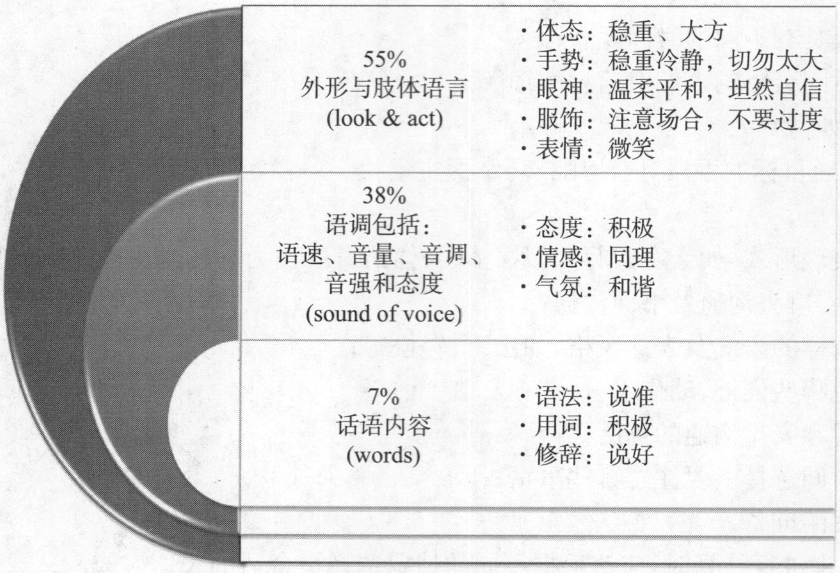

图 1-3　表达构成图

在实际交流中，人们往往很注意措辞，而 93%的非语言表达常常被我们忽视，其实这 93%才是我们在沟通中需要加以关注的。

使用积极的肢体语言能使沟通顺利、通畅地进行，并促进信息内容更好的传达，拉近沟通双方的距离，帮助对方更全面、完整地理解信息内容。肢体语言中积极与消极动作如表 1-3 所示，并请同学们共同表演，体会感受。

表 1-3　肢体语言中积极与消极动作

肢体语言	图　片	积　极	消　极
目光		● 70%以上的眼神接触； ● 相互正视片刻； ● 较长时间凝视对方； ● 行注目礼	● 看着下面或其他地方； ● 向上翻眼睛； ● 恶狠狠地盯着客户看； ● 避开眼神的接触； ● 上下打量对方； ● 不停地眨眼睛
面部表情		● 微笑； ● 平静、专注、真诚的表情； ● 保持感兴趣、愉快而热情的表情； ● 自然地表现出与客户相同的表情	● 抬起下巴并垂下眼睛； ● 面部表情松弛； ● 与人交谈时，一边的眉毛抬得比另一边高； ● 常咬住自己的嘴唇

(续表)

肢体语言	图片	积极	消极
手势		● 很自然地运用手势来解释所要说的事情； ● 使用"开放掌形"的手势，手掌伸开，四指并拢； ● 合乎社交礼仪地握手	● 在客户面前做小动作或者在纸上乱涂； ● 在客户面前指指点点； ● 用一根手指指向客户； ● 客户还在讲话，就合上文件或公文包，或者不停看手表； ● 双手交叉抱于胸前； ● 不停地摸自己的头、鼻子或嘴； ● 说话时手指放在嘴上； ● 把笔帽套在钢笔上，并把它装进衣袋 ● 用手指叩击桌子； ● 抖动衣袋里的零钱； ● 用一条胳膊搂抱客户的肩膀； ● 拍打客户的后背； ● 不停地拨弄头发； ● 不停地看手表
头部		● 点头，将头部垂下成低头的姿态； ● 抬头	● 摇晃头部； ● 头部僵直； ● 头部从兴趣之源缩回； ● 头部后仰
坐姿	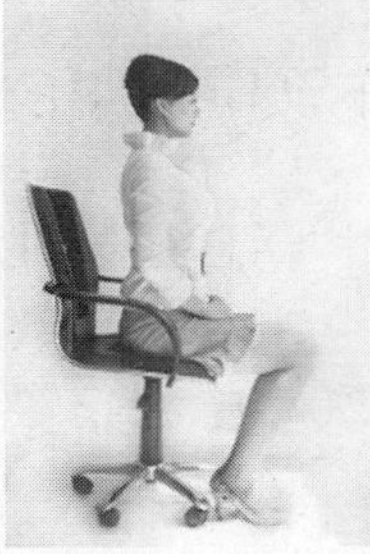	● 坐着时微微抬头，手臂置放于椅子或腿上，两腿交于前，双目不时观看对方； ● 面对客户，但是下半身略微错开方向； ● 略微向客户的方向倾斜身体； ● 微微起身； ● 双臂平直，颈部和背部保持直线状态	● 向远离客户的方向挪动身体； ● 退缩的姿势，用手保护自己； ● 在客户面前表现出懒散； ● 背靠或斜靠在物体上； ● 身体后仰； ● 侧转身体； ● 背朝对方； ● 双肩无力地下垂； ● 不断抖动双腿
语调		● 平静、自然、亲切的语调； ● 坚定、关切、自信的语调； ● 通过尽量站直或坐正，并在与客户交谈之前深呼吸等姿势来影响语调； ● 让热情、关心和其他积极的情感渲染语调； ● 保持中等程度的声调、节奏和音高	● 语调呆板、声音沙哑； ● 用鼻子说话； ● 说话时使用尖音； ● 有口头禅； ● 语速过快

在通话过程中，也要保持积极的姿态，并注重肢体语言的运用，因为你的动作及神态将会通过电话传达给对方。

3）善于倾听

有了充分的表达，沟通还不能顺利进行，我们还要善于倾听。倾听就是用正确的态度表现出兴趣并积极引导话题深入，从而达到听到、听懂、听全的目的，是接收信息的重要技巧。

【故事】

很久以前，曾经有个相邻小国的使者到中国来，进贡了三个一模一样的小金人。小金人做工精致，金碧辉煌，皇帝非常喜欢。可是，这小国使者带来小金人的同时，也给中国皇帝出了这样一道难题：确定三个金人中哪个最有价值？

皇帝想了许多的办法，请来珠宝匠检查，称重量，看做工，都是一模一样的。怎么办？使者还等着回去汇报呢。这可让皇帝犯了愁：说不知道吧，实在有辱泱泱大国智慧民族的形象。

正在皇帝一筹莫展的时候，旁边一位退位的老大臣说他有办法。皇帝赶紧将使者请到大殿，老臣胸有成竹地拿着三根稻草，插入第一个金人的耳朵里，这稻草从另一边耳朵出来了。第二个金人的稻草从嘴巴里直接掉出来，而第三个金人，稻草进去后掉进了肚子，什么响动也没有。老臣说：第三个金人最有价值！使者颌首微笑：答案正确。这个故事告诉我们，最有价值的人，不一定是最能说的人。

启示：自然赋予我们人类一张嘴，两只耳朵，也就是让我们多听少说。

倾听的技巧：

(1) 倾听回应——点头

当客户与你在讲述一件事情时，你需要适当的点头，用表情姿势告诉客户你在聆听，让客户放心，鼓励客户多讲话。可以运用语句配合点头的动作。例如：

“喔，是的，我知道。”

“好的。”

“喔，原来是这样啊。”

(2) 认同

当客户与你讲述一件事情时，应该在不损坏自己利益或名誉的情况下，尽可能多的获得客户的信赖，减少客户对你的防备。可以运用语句表示你对客户的认同。例如：

“我明白您的想法。”

“我理解您的做法。”

(3) 提示问题——询问具体情况

当客户对你提出异议或向你描述一个问题时，应该详细确认客户的想法和意图，这样可以使你在沟通中处于主导地位，并根据客户的真实意图及想法做合理的建议。可以运用语句对顾客的情况进行询问。例如：

客户：“人家出的价格比你们便宜××呢？”

销售人员：“请问您刚刚说的这个价格是哪个商家给你报的价呢？”

询问的内容具体还包含询价人员是谁，询价的时间，询价的地点，具体询价的商品，在其他地方询价的商品有何功能和配置，买家的购买方式，买家的商品用途，等等。

(4) 重复内容——确认

在沟通过程中，确认包含两个方面。

第一，根据客户的描述，经常反复确认你的理解是否正确，要把你理解的意思描述给客户，通过反问的形式来确认是否与客户一致；

第二，你所表达的内容，经常反复确认客户的理解是否正确，根据客户的描述来判断，客户是否和你一致。可以运用语句进行确认。例如：

客户："对方给我××价格，另外有×××。"
销售人员："您的意思是包含×××在内一共×××价格，没有额外付费，我的理解没错，是吧？"
客户："我说的您理解了吗？请您复述一遍。"
销售人员："×××。"
客户："是的，您理解的很正确。"
"还有一个问题也许我没表达清楚，应该是×××。"

(5) 归纳总结

对双方沟通的内容进行总结，确认双方在沟通中的重要内容的理解是否一致。可以运用语句进行确认。例如：

"您询问的是 2 个问题，也就是×××和×××吗？"
"您说的总结起来就是×××对吗？"

反问是将沟通有效地引向深入的重要反馈手段，没有反馈将会造成沟通中断或者沟通肤浅，所以在倾听中需要经常地寻求对方的反馈，这样有利于双方达成共识。

4) 艺术地说话

如图 1－4 所示，第一天青年在祈祷的时候想抽烟，牧师说不可以，因为这明显是对宗教信仰的不尊重，亦说明他心有旁骛。第二天青年问在抽烟的时候可以祈祷吗？牧师说可以，是因为在抽烟短短的时间里，青年还能不忘祈祷，这是对宗教的尊重，对信仰的虔诚。

第一天　　第二天

图 1－4　祈祷青年

同样的意思，尝试换种表达方式，效果就截然不同。

(1) 积极的用词

在沟通过程中，要尽可能多的选用正面、积极的用词，这样能使问题向好的方向发展。例如：

"我不想再让您重蹈覆辙。"(这样的表达方式会让对方再联想一次自己遇到的问题或遭遇)
"我这次有信心这个问题不会再发生。"

(2) 用"我"、"我们"代替"你"、"你们"

在沟通中，善用"我"或"我们"，一方面可以拉近与对方的关系，另一方面也可表现出自己的主动与积极态度，少用"你"，尽量避开负面效果。例如：

"你必须……"(这样的用词是在命令对方，会引起对方的排斥)
"我们要为您那样做，这是我们需要的。"

(3) 因为的运用

① 要让客户接受你的建议,应该告诉客户接受的理由;

② 不能满足客户的要求时,要告诉客户原因;

应该站在客户利益与需求的角度去阐述理由,给客户的感觉是为他着想,不能强调客观,应从自己主观入手。例如:

客户:"这个车的钱我全都付给你了,我为什么现在不能开回家?"

销售人员:"××先生,您先别着急,车已经是您的了,您可以随时开回家,我们建议您的车在上完牌之后开回家,是因为车辆有了保险及牌照后更能保证您的各项安全。"

(4) 避免六种语言

① 否定语。例如:

"我不会。"
"这不是我应该做的。"

② 蔑视语。例如:

"买不起就别看。"
"一看就知道买不起。"

③ 暧昧语。例如:

"应该没问题。"
"我想近期内可以给你答复。"

④ 烦躁语。例如:

"讲了好几遍了,怎么还不明白!"
"真是麻烦。"

⑤ 斗气语。例如:

"我就这态度,您能怎么样?"
"凭什么你说什么就是什么?"

⑥ 方言。

小组演练

1. 提出演练要求

(1) 指导老师对全班学生进行分组,6~8人为一个组,每个小组推选一位组长,组长带领组员以组为单位进行情境演练。

(2) 以情境导入的案例为背景进行演练,可参考表1-2的5W1H准备表。

(3) 小组成员发挥想象力编写剧本,完成表1-4中的选择题,选择题的答案可作为剧本台词的内容之一。

(4) 剧本中的角色包括销售顾问小李,客户张先生,销售经理,角色扮演者小组内部自定(剧本中是否需要销售经理帮忙，请根据编写的剧本内容，小组内部自行决定)。

(5) 完成剧本后，各小组进行演练，演练中运用积极注重的肢体语言。

(6) 每组依次上台表演，所有表演结束后老师点评。

表1-4 情境演练剧本

情境演练剧本					
销售顾问		客　　户		销售经理	
时　　间		地　　点			

【场景描述】

小李是某4S店销售顾问，客户张先生两周前在小李处订购了一辆新车，订单到期日为明天。但由于物流在运输途中遇到高速公路封路，故原本今天下午就能到的新车将延迟三天才能到店，张先生的新车也在这批延迟的车辆名单中，小李打算在下午见面时告知张先生此事

对话内容参考

1. 张先生："小李啊，我来找你商量明天提车的事情。"
   小李："……" ……………………………………………………………………………… (　　)
   A. "张先生，新车等得很着急了吧？我也着急啊，今天我刚得到通知，您的新车在运输途中遇到高速公路封路，明天提不了车了，我想和您商量一下这个事情。"
   B. "张先生，新车等得很着急了吧？非常感谢您的等待，有件事情我们得一起商量一下，我也天天盼着咱们的新车赶快来，今天开早会时，销售经理通知，新车在运输途中遇到高速公路封路，咱们的车估计得多等几天。"
2. 张先生："那什么时候能到？"
   小李："……" ……………………………………………………………………………… (　　)
   A. "张先生，我已经联系过货运司机了，咱们的车现在堵在南京，三天内一定能到，我们一起耐心等待三天吧。"
   B. "张先生，我们销售经理说了三天后应该就能到了。"
3. 张先生："我等不了三天，我做生意天天需要车。"
   小李："……" ……………………………………………………………………………… (　　)
   A. "张先生，既然您不愿意等的话，我已经为您想好了几个方案可供选择，您看一下，哪个更适合您：①同一配置的其他颜色；②同一颜色的其他配置，这样明天就可以提车了。"
   B. "张先生，出现这个情况我也很生气，我们原本都想明天高高兴兴看新车的。为此公司提供了有两个方案，我们一起来商量一下，哪个对我们更有利？我已经提前查询过库存，公司有同一配置的其他颜色也有同一颜色的其他配置的车型，这样一来我们就可以不用等了，明天可以直接提车，这两个方案怎么样？"
4. 张先生："我要我订的那辆车，我要求按合同执行。"
   小李："……" ……………………………………………………………………………… (　　)
   A. "我没办法完全照合同执行，除非您愿意多等三天。张先生您在这三天中产生的所有交通费用，由我们公司承担，或者我们公司可以派一辆工作车给您，还帮您配备司机，这样您三天后来提新车。"
   B. "如果我们愿意多等三天，就能拿到您订的那辆车了，为此公司有其他两个方案：承担这三天内产生的所有交通费，或者给一辆工作车并派出司机一名供您使用三天，这样问题就解决啦，也不会影响生意，三天后就能开开心心开新车了。"

编 写 剧 本

2. 进行演练

3. 学习评估

指导老师根据各组员的个人表现及其所在小组的团体表现,对其讨论过程进行评估。评估标准如表1-5所示。

表1-5 学习评估表

评 估 内 容	满 分	得 分
1. 声音适量,字句清楚,语速适当,亲和力强	10	
2. 接待客户时面带微笑,与客户交谈时表现出认真倾听	20	
3. 积极的肢体语言,正面的话语表达	20	
4. 情况说明的完整性	10	
5. 客户提出异议的情绪表现	10	
6. 整个过程的连贯性	10	
7. 表演效果	20	

任务 2　进行谈判前准备并拟定谈判议程

学习目标

1. 能够遵循和运用商务谈判原则；
2. 能够完成商务谈判前的准备工作；
3. 能够拟定谈判议程。

学习内容

1. 商务谈判内容概述；
2. 商务谈判开始前的准备工作；
3. 拟定商务谈判议程。

知识准备

1. 商务谈判内容概述

1）商务沟通与商务谈判的关系

【案例分析】

两个孩子得到了一个橙子便讨论起来如何分这个橙子。两个人吵来吵去没结果，一个家长见到后提议，由一个孩子负责切橙子，而另一个孩子选橙子。结果，这两个孩子按照商定的办法各自取得了一半橙子，高高兴兴地拿回家去了。

第一个孩子把半个橙子拿到家，把皮剥掉扔进了垃圾桶，把果肉打成汁喝。另一个孩子回到家，把果肉挖掉扔进了垃圾桶，把橙子皮留下磨碎后，混在面粉里烤蛋糕吃。

从这个案例可以看出，两个孩子每人看似公平地得到了一半的橙子，但他们事先并没有沟通好，也没有表明各自所要取得的利益，盲目追求形式上和立场上的公平，结果使双方各自的利益并没有达到最大化。

如果两个孩子充分交流各自所需，或许会有多个方案和情况出现。第一种情况是一个拿到果肉去喝汁，另一个拿皮去做烤蛋糕；第二种情况是一个孩子既想要皮做蛋糕，又想喝橙汁。这时，如何能创造价值就非常重要了。这个既要做蛋糕又要喝橙汁的孩子说："如果把这个橙子全给我，你上次欠我的棒棒糖就不用还了"。（其实，他的牙齿被蛀得很厉害，他的父母上星期就不让他吃糖了。）另一个孩子想了一想，很快就答应了。他刚刚从父母那儿要了五块钱，准备买糖还债。这次他可以用这五块钱去打游戏，才不在乎这酸溜溜的橙子汁呢。

双方都在寻求对自己最大利益的方案的同时，也满足对方的最大利益的需要。

所以商务谈判中进行有效的沟通是能达到共赢的一种方式，商务谈判与沟通是密切相关的，没有不经过沟通就能顺利达成的谈判。

商务沟通与商务谈判的关系如图 1－5 所示。

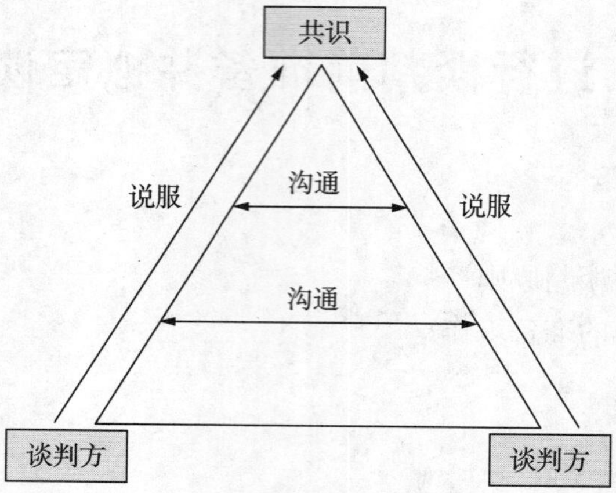

图 1－5　商务沟通与商务谈判关系图

(1) 商务沟通是商务谈判的基础;

(2) 商务谈判是在多次沟通基础上朝共识方向努力,相互说服的活动。

2) 商务谈判的定义与原则

(1) 商务谈判的定义

商务谈判是经济谈判的一种,是指不同利益群体之间,以经济利益为目的,就双方的商务关系进行的谈判。例如,货物买卖、融资合作、工程承包等都是商务谈判。

(2) 商务谈判的原则

① 知己知彼的原则

通过各种办法了解谈判对手的礼仪习惯,谈判风格与谈判经历,不要冒犯对方的禁忌。同时,要明白自己的优劣势、自己需要的资料、数据、需要达到的目的及退路。

② 平等的原则

平等是指谈判双方在法律和人格上的平等。谈判双方或者多方无论经济实力的强弱,对交易项目都具有"否决权",这种权利是平等的。谈判是智慧的较量,唯有确凿的事实、准确的数据、严密的逻辑和艺术的手段,才能将谈判引向自己所期望的胜利。

③ 互惠互利的原则

在商务谈判过程中,既要关注和追求自己的利益,也应当尽可能的为谈判对手着想、尊重并考虑对方的利益。

④ 求同存异的原则

在谈判中坚持求大同存小异的原则,才能使各方利益最大化。

⑤ 人与事分开的原则

参加谈判的每个人都会有自己的个性特征及对事物的主观看法,所以在谈判中要把自己的看法与谈判分开,这样有利于问题的解决,避免产生冲突。在商务谈判中遇到朋友,也要切记朋友归朋友,谈判归谈判,二者之间的界限不能混淆。

⑥ 合法、诚信原则

在商务活动中,谈判双方在谈判和签订合同的过程中,都要遵守国家的政策、法律和法规,并且双方都要做到诚实守信,按照签订的合同依法办事。

3) 商务谈判的过程

完整的商务谈判过程包括谈判准备、谈判开局、谈判摸底、价格谈判及谈判成交这五个环节。

2. 商务谈判开始前的准备工作

1) 信息的收集与准备

商务谈判前要做好充分、详细的信息调查研究和整理，做到知己知彼。

内容包括：

(1) 己方信息

在谈判前的准备工作中，应该正确了解和评估己方的状况。

① 己方产品情况；

② 己方人员准备情况。

(2) 对方信息

① 对方的资信情况，经营状况与财务状况；

② 对方的谈判目的；

③ 对方的谈判期限；

④ 对方谈判人员的情况。

(3) 一般市场调查信息

一般市场调查信息是指谈判人员事先对市场的分布情况、产品的需求情况和销售的竞争情况进行了解和分析。

(4) 价格信息

无论是买方还是卖方，市场行情及价格一直是谈判的焦点。

(5) 掌握法律法规、社会习俗、宗教信仰及其他相关信息

2) 谈判人员的准备

(1) 人数；

(2) 构成比例：主谈人员，专业人员，工作人员；

(3) 谈判人员的仪表及气质。

陌生人在30秒内只凭你的外形、衣饰、表情便会形成对你的第一印象。感觉没有对错之分，只有好坏之分。良好的第一印象是与客户展开业务的基础。图1-6中的谈判人员，哪个才是理想的谈判人员应有的仪表呢？

图1-6　谈判人员

3）心理准备

(1) 自信心，耐心，诚心诚意；

(2) 良好的心态，面对挫折时不言不弃。

4）目标准备

【故事1】

猎人："我只想取你的皮，做一件大衣。"

黑熊："这与我的需求没什么冲突，我们可以达到双赢。"

谈判开始不久，黑熊拍着凸起的肚子，对肚子里面的猎人说："谈判很成功，我不饿了，你也穿上了皮大衣。"

启示：明确谈判双方的目标才能开始进行谈判。

【故事2】

有一天，沙漠与海洋谈判，"我太干，干得连一条小溪都没有，你却水太多，变成汪洋一片，"沙漠建议，"我们不如来个交换吧。"

"好啊，"海洋欣然同意，"我欢迎沙漠来填补海洋，但是我已经有沙滩了，所以只要土，不要沙。"

"我也欢迎海洋来滋润沙漠，"沙漠说，"可是盐水太咸了，所以只要水，不要盐。"

启示：有的谈判目标看似非常理想，却永远谈不成。所以在商务谈判前，我们要制定多个不同的目标。

谈判中制定多个不同层次的目标至关重要。

(1) 最优目标。是既能满足实际需求又有增值的潜力，最优目标是不易实现的，要注意最优目标的合理性。

(2) 实际需求目标。是较为理想的最佳目标。

(3) 可接受的目标。只满足了部分需求，实现了部分经济利益的目标。

(4) 最低目标。是公司要求的最低底线，低于此线以下将使公司蒙受损失。

对于目标的设定，我们通过一个示例来帮助大家理解。

【案例分析】

甲公司准备向乙公司购买一批汽车零件，在购买前，甲公司的高层对购买价格进行了目标设定。

最优目标是以200万元的价格购买，以后的交易都以8折的折扣进行交易；

实际需求目标是210万元购买，以后的交易都以8.5折的折扣进行交易；

可接受的目标是210万元购买，以后的交易都以9折的折扣进行交易；

最低目标是215万元购买，以后的交易都以9折的折扣进行交易。

目标的范围不仅仅只涉及示例中的价格，而数量、产品质量、售后服务等都可以是谈判目标。

3. 拟定商务谈判议程

商务谈判的议程是指有关谈判事项的程序安排，这一点非常重要，拟定相应的议程，才能使商务谈判朝着目标进行，避免浪费时间、人力、物力等。

1）时间安排

安排时间时应考虑的因素有谈判准备的充分程度、谈判人员的身体和情绪状况、市场的紧迫程度、谈判议题的需要、谈判对手的情况。

在议程中要设定固定的谈判时间，每项议程无论时间长短，一定要把时间固定，目的是使双方讨论的时间不超出相应的范围，使谈判更有效率。

2）谈判地点

(1) 主场谈判

优势：

① 有较好的心理优势，自信心较强；

② 不需要消耗时间去适应新的环境，可以免去舟车劳顿，以逸待劳；

③ 可以按照自身的文化习惯与喜好布置场所；

④ “台上”人员与“台下”人员的沟通联系比较方便，能非常便捷地联络领导，获取资料与指示。

劣势：

① 由于联系方便，会产生依赖心理，容易造成失误和被动；

② 不易于公司工作彻底脱钩，容易分散注意力；

③ 作为东道主安排各种事宜，负责接待工作，安排宴请，游览等活动，己方负担重。

(2) 客场谈判

与主场谈判地点的优劣势正好相反。

(3) 在双方地点之外的第三方

优势：由于在双方所在地之外的地点谈判，对双方来讲是平等的，不存在偏向的问题，双方均无东道主优势，也无作客他乡的优势，策略运用的条件相当。

劣势：双方首先要为谈判地点的确定而谈判，地点的确定要使双方都满意也不是一件容易的事，在这方面要花费不少精力与时间。

(4) 在双方所在地交叉谈判

有些多轮谈判可以采用在双方所在地轮流交叉谈判的办法。

优势：对双方都是公平的，也可以各自考察对方实际情况，各自都担当东道主和客人的角色，对增进双方相互了解，融洽双方感情是有好处的。

劣势：这种谈判时间长、费用大、精力消耗大，如果不是大型的谈判或必须采用，这种方法应少用。

3）谈判议题的确定

(1) 首先要明确己方要提出哪些问题，及需要讨论哪些问题。

(2) 把所有问题全盘进行比较和分析，了解哪些问题是主要议题，并列入重点讨论范围。

(3) 明确哪些问题是重要问题，哪些问题是可以忽略的，哪些问题需要规避。

4）议程内容

议程内容分为通则议程和细则议程

(1) 通则议程是指谈判双方共同遵照使用的日程安排，供双方使用。内容包括双方谈判讨论的中心议题、列入谈判范围的各种问题及问题讨论的先后顺序、总体及各阶段时间安排、谈判中心问题及细节问题的人员安排、谈判地点及招待事宜。

(2) 细则议程是指谈判己方根据通则议程拟定的对谈判事项涉及的细节安排，供己方使用，具有保密性。内容包括对外谈判统一口径(文件、资料、证据、观点等)、谈判过程中各种可能性的估计及对策安排、发言的策略、谈判人员更换的预先安排等、己方谈判时间的策略安排、谈判时间期限。

5）谈判演练模拟

内部演练是为了检验谈判计划的质量，预测将会产生的情况及效果，相当于正式谈判前的“彩排”。

模拟时可以把自己的谈判人员分为“甲方”与“乙方”两个小组，分别扮演己方谈判人员与对方谈判人员。通过模拟可以帮助自己发现新的问题与方案中的破绽，从而做出修改、补充与完善，使得谈判议程更具可行性。

小组演练

1. 提出讨论要求

(1) 指导老师对全班学生进行分组，6～8 人为一个组，每个小组推选一位组长，组长带领组员以组为单位进行情境演练。

(2) 指导老师指定各小组为谈判的甲方或乙方。

(3) 组长带领组员以组为单位进行讨论后，根据指导老师制定的谈判方对谈判议程进行编写，如表 1－6 所示。

(4) 同学们可以充分发挥想象力，假设对方产生的某种情况作为谈判的筹码，在编写议程时，也可通过内部演练模拟，试想对方会设置的障碍来进一步完善自己的议程。

(5) 组长选出一名组员上台朗读本组的谈判议程。其他组员认真听取其他组编写的谈判议程，体会甲乙双方从各自立场出发编写的议程的不同之处。

(6) 表演结束后，老师完成学习评估表。

表 1－6　拟定谈判议程

情境演练剧本
【场景描述】 甲　　方：A 汽车销售厂家(中国) 乙　　方：C 零件供应商(日本) 背　　景：不管是零件销售厂家还是汽车销售厂家，下半年都是汽车行业的销售旺季，甲方为了满足各经销商的车辆需要，需要增购一批零件加紧生产汽车，乙方由于其他零件供应商的价格压力，销量已不如前，需要尽快销售零件回笼资金并投入下批零件的生产。 市场情况：此零件目前的市场价格为 100 元/个。 甲方情况：甲方在制定目标时首先认为自己品牌汽车的目前销量能为零件供应商带来很大的产品销售量，并且在未来能够持续的保证零件供应商的产品销量，因此决定价格不高于 85 元/个，如果高于这个价格甲方将同其他公司接洽该笔业务。 乙方情况：此零件的成本价为 82 元/个，乙方目前除了与 A 汽车公司洽谈，同时还与一家美国汽车销售厂家洽谈，初步与美国谈定的价格是 92 元/个，但目前与美国方面的谈判陷入僵局，原因是美国提高了对日商的关税政策，导致日商如果按这个价格执行利润将大幅下降，日本厂家将在 5 天后去美国继续商谈，中国关税相比美国较低，自己又急于出货，在保证利润的情况下，给甲方的价格可以低至87 元/个

（续表）

编写议程	
甲　方	1. 目标： 2. 谈判时间： 3. 谈判地点： 4. 谈判议题： 5. 议程内容： （1）通则： （2）细则：
乙　方	1. 目标： 2. 谈判时间： 3. 谈判地点： 4. 谈判议题： 5. 议程内容： （1）通则： （2）细则：

2. 进行演练

3. 学习评估

指导老师根据各组员的个人表现及其所在小组的团体表现，对其讨论过程进行评估。评估标准如表1－7所示。

表 1-7 学习评估表

评估内容	满分	得分
1. 声音适量,字句清楚,语速适当,亲和力强	10	
2. 目标制定的合理性	20	
3. 议程内容的完整性	30	
4. 想象力的发挥	20	
5. 议程的可执行性	20	

学习情境 2　谈判开局

学习目标

1. 能够制造合理的谈判开局的气氛；
2. 能够制定谈判开局策略。

情境导入

某中国谈判小组第一次赴伊拉克进行一项建造汽车4S店的工程承包谈判。闲聊中，中方负责商务条款的成员无意中评论了其国教伊斯兰教，引起对方成员的不悦。当谈及实质性问题时，对方较为激进的商务谈判人员丝毫不肯让步，并一再流露撤出谈判的意图，最终谈判失败了。

谈判开局阶段应该制造怎样的谈判气氛呢？谈判开局阶段应该注意哪些问题呢？

任务1 制造合理的谈判气氛

学习目标

能够营造谈判开局的气氛。

学习内容

1. 商务谈判开局的定义；
2. 商务谈判开局的目标；
3. 商务谈判开局气氛的营造。

知识准备

商务谈判的开局对整个谈判过程起着非常重要的作用，它往往关系到商务谈判双方对谈判所持有的态度、诚意，是积极进行还是消极应付，关系到商务谈判的格调和走向。一个良好的开局会为后期的谈判获取成功打下良好的基础。

1. 谈判开局的定义

所谓开局，就是指一场谈判开始时谈判各方之间的寒暄和表态，以及对谈判对手的底细进行探测，为影响、控制谈判进程奠定基础。

对整场谈判而言，谈判开局对整个谈判过程起着相当重要的影响和制约作用。它不仅决定着双方在谈判中的力量对比，以及双方在谈判中采取的态度和方式；同时也决定着双方对谈判局面的控制，进而决定着谈判的结果。所以应该研究谈判的开局，把握和控制谈判的局势。

2. 商务谈判开局的目标

开局阶段的具体目标是建立在轻松、诚挚气氛的基础上，力争继续巩固和发展已经建立起来的和谐气氛。

在进入实质性谈判前，双方就谈判程序及态度、意图等取得一致或交换意见，此外还要了解对方的真正需要，尽快掌握对方有关谈判的经验、技巧、谈判作风方面的信息，以及使用的谈判策略等，特别应注意了解对方对要成交买卖的期望值的大致方向，做到心中有数。

3. 商务谈判开局气氛的营造

1）商务谈判开局气氛的含义

谈判开局气氛是由参与谈判的所有谈判者的情绪、态度与行为共同制造的，任何谈判个体的情绪、态度与行为都可以影响或改变谈判开局气氛；与此同时，任何谈判个体的情绪、思维都要受到谈判开局气氛的影响，呈现出不同的状态。因此，营造一种有利的谈判开局气氛，从而控制谈判开局，控制谈判对手，对于谈判者来说就显得非常重要。

谈判气氛是谈判对手之间的相互态度，它能够影响谈判人员的心理、情绪和感觉，从而引起相应的反应。因此，谈判气氛对整个谈判过程具有重要的影响，其发展变化直接影响整个谈判的前途。

任何商务谈判都是在一定的气氛下进行的。根据谈判内容的不同，每一场谈判都有其独特气氛，有的是冷淡的、对立的；有的是积极的、友好的；有的是平静的、严谨的；有的是简洁明快、节奏紧凑、速战速决；有的是咬文嚼字、慢条斯理、旷日持久。

不同的谈判气氛对谈判的影响不同，一种谈判气氛可在不知不觉中把谈判朝某种方向推进，例如，热烈的、积极的、合作的气氛会把谈判朝着达成一致协议的方向推进；而冷淡的、对立的、紧张的气氛会把谈判推向更为严峻的境地。

因此，在谈判一开始，营造出一种合作的、诚挚的、轻松的、认真的和解决问题的气氛，对谈判可以起到十分积极的作用，如图 2－1 所示。

图 2－1　谈判气氛的营造(图片来源：百度图片)

2）商务谈判开局气氛的作用

商务谈判一般都是互惠式谈判，成熟的双方谈判人员都会努力寻求互利互惠的最佳结果。良好的气氛具有为即将开始的谈判奠定良好的基础、传达友好合作的信息、能减少双方的防范情绪、有利于协调双方的思想和行动、能显示主谈人的文化修养和谈判诚意等作用。

【案例分析】

1954 年在日内瓦谈判越南问题时，曾经发生过美国国务卿杜勒斯不准美国代表团成员与周恩来总理率领的中国代表团成员握手的事情。因此 1972 年，尼克松在第一次访问中国下飞机时，要警卫人员把守机舱门，不让其他人下来，以便突出他一下飞机就主动地伸出手来和周总理握手的场面。握手的动作持续的时间不过几秒钟，却给这次谈判创造了一个良好的开端。

相反，两伊战争后举行的两伊外长谈判，双方就拒绝握手。开始时甚至拒绝面对面的谈判，有关的谈判内容都由联合国秘书长来回传达。这样的谈判气氛，能谈出什么样的结果是可想而知的。

由此案例我们可以看出，如果商务谈判一开始就形成了良好的气氛，双方就容易沟通，便于协商，所有谈判者都愿意在一个良好的气氛中进行谈判；如果谈判一开始，双方就怒气冲天，见面时拒绝握手，甚至拒绝坐在一张谈判桌上，无疑会对整个谈判蒙上一层阴影。因此，一个良好的开局将为谈判的成功奠定坚实的基础。

3）影响谈判开局的因素

当双方走到一起准备谈判时，洽谈的气氛就已经形成。热情还是冷漠，友好还是猜忌，轻松活泼还是拘谨紧张，都已基本确定，甚至整个谈判的进展（如谁主谈、谈多少、双方的策略）也会受到很大的影响。

当然，谈判气氛不仅受开局时的影响，双方见面之前的预先接触、谈判深入后的交流都会对谈判气氛产生影响，但谈判开始瞬间的影响最强烈，它奠定了谈判的基础。此后，谈判的气氛波动比较有限。

谈判气氛在谈判一开始就已形成，但它必须在整个谈判过程中都得到保持，这就需要谈判人员的共同努力。谈判双方见面后的短暂接触，对谈判气氛的形成具有关键性的作用。谈判双方人员的目光、动作、姿态、表情、气质、谈话内容及语调、语速、话题、洽谈座位等，都会形成不同的谈判气氛。

在本书第一个情境中，我们已经大致讲述了肢体语言的重要性，下面我们通过一些小活动巩固这方面的知识，如表 2－1 所示。

表 2－1 知识问答

问　题	答　案
下图中你最喜欢谁的表情？ 	
下图中哪张图片的眼神符合谈判的要求？ 	

除了情境 1 中讲述到的肢体语言对谈判有着重要影响外，影响谈判的因素还有以下几点：

(1) 气质、风度

气质是指人们相当稳定的个性特征、风格和气度。良好的气质，是以人的文化素养、文明程度、思想品质和生活态度为基础的。气质美首先应当表现在丰富的内心世界上，理想则是内心世界的一个重要内容。品德是气质美的又一重要方面，为人诚恳、心地善良是不可缺少的。文化水平在一定程度上对气质起着很大的影响作用。气质美看似无形，实为有形。它通过一个人的态度、个性、言语和行为等表现出来，举手投足、待人接物皆属此列，如图 2－2 所示。

图 2－2　气质的培养

风度是气质、知识及素质的外在表现。风度美包括以下几个方面的内容：

① 饱满的精神状态。一入场就神采奕奕、精力充沛、自信而富有活力，这样能激发对方的兴趣，活跃会场的气氛，如图 2－3 所示。

图 2－3　汽车经销商店的形象标识

② 诚恳的待人态度。无论是谁，一入场就应对所有的对手表现出诚恳而坦率的态度。应端庄而不矜持冷漠，谦逊而不矫饰作伪，热情而不轻佻。

③ 受欢迎的性格。性格是通过行为表现出来的，与风度密切相关，要使自己的风度得到别人的赞美，就应当加强自身性格的修养。要大方、自重、认真、活泼和直爽，尽量克服性格中的弱点，如轻佻、傲慢及幼稚等，千万不要因小失大。

④ 幽默文雅的谈吐。美的风度在语言上体现为言之有据、言之有理、言之有物、言之有味。语言是风度的窗口,出言不逊、满口粗话,就谈不上丝毫风度。

⑤ 洒脱的仪表礼节。一个人仪表秀美整洁,俊逸潇洒,就能使人乐于亲近。这种魅力不仅在于长相和衣着方面,更在于人的气质和仪态,这是人的内在品格的自然流露。

(2) 个人卫生

谈判人员的个人卫生对谈判气氛也会有所影响,如图2-4所示。衣着散乱、全身散发汗味或其他臭味的谈判人员都是不受欢迎的。

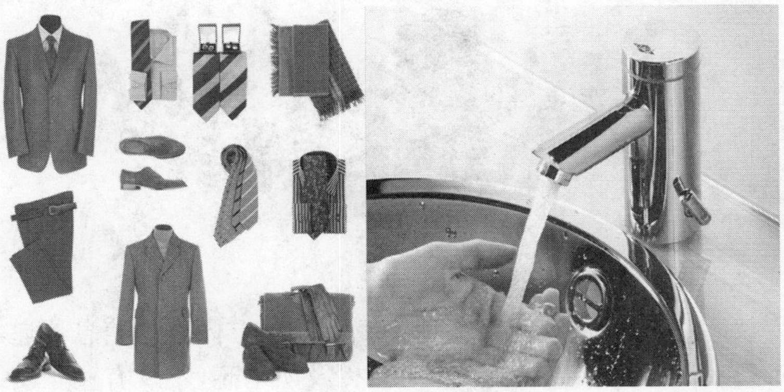

图2-4 个人卫生

(3) 中性话题

在谈判进入正式话题之前该谈些什么问题呢?一般来说,选择中性话题最为合适,这些话题轻松而具有非业务性,容易引起双方共鸣,有利于创造和谐气氛,如图2-5所示。

中性话题的内容通常有以下方面:

① 各自的旅途经历,如游览活动、旅游胜地及著名人士等;

② 文体新闻,如电影、球赛、时尚等;

③ 私人问候,如骑马、钓鱼等业余爱好;

④ 对于彼此有过交往的老客户,可以叙谈双方以往的合作经历和取得的成功。

图2-5 中性话题

(4) 洽谈座位

商务谈判要想取得成功,除了双方互相了解,创造必备的谈判环境,合理地安排谈判的座次也是非常重要的。

圆桌谈判不分首次席位,表达一种双方愿意合作的愿望,也便于彼此沟通;把客方放在主位,也可以表现出对谈判方的尊重,如图 2-6 所示。

图 2-6　圆桌谈判

长桌谈判是双方彼此面对面而坐,有利于谈判双方和一方内部的信息传递与交流,同时也可以使同伴之间相互接近,在心理上产生安全感、实力感以及团结感,不仅有利于团结力量,还可以提升己方的士气与信心。竖桌式和横桌式,如图 2-7 和 2-8 所示。

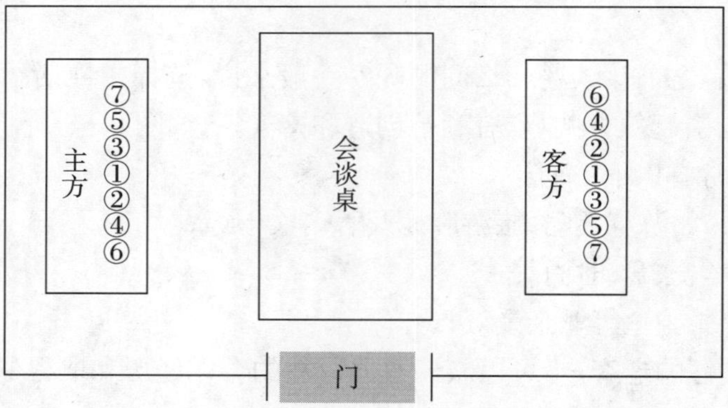

图 2-7　竖桌式

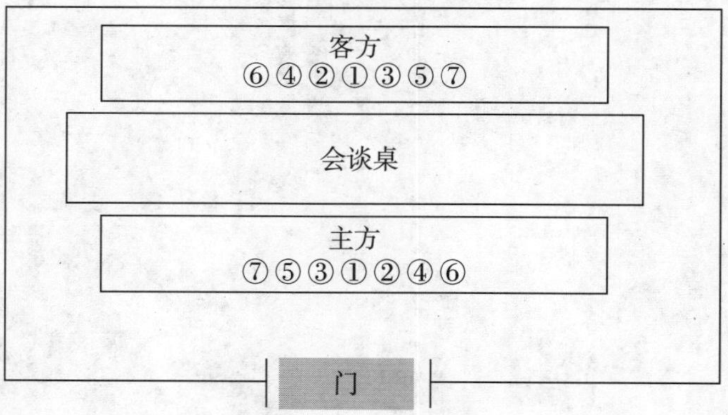

图 2-8　横桌式

实力相当的谈判双方,若座位安排不对等或刻意被打压的情形,会让弱势方心生不平,增添谈判变量,甚至容易非理性地产生某些敏感议题。

(5) 传播媒介

利用传播媒介制造谈判舆论与气氛,是指谈判的主体通过传播媒介向对方传递意图,施加心理影响,制造有利于自己的谈判气氛或启动谈判的背景。

在现代社会,许多谈判在没有正式开始之前,舆论的准备往往就已经开始,并发挥相当大的作用。有效地制造谈判舆论气氛,可以引导谈判双方如何走到谈判桌前,并如何开始谈判。

古往今来,大家都非常注意利用传播媒介来制造谈判舆论气氛。大众传播媒介的形式从过去影响范围极小的口头传播、手抄传播,发展到现在的大规模的印刷传播,以及传播迅速、影响极其广泛的电子传播。它的发展使得传播媒介从仅是沟通某种情况、传递某个信息的作用,发展到影响人们的思考,直至改变其生活方式和价值取向的作用。各种谈判被形形色色的传播工具运载,使得谈判信息比比皆是,使得制造谈判舆论气氛的重要性日益突出。因此,传播媒介已成为商务谈判,尤其是大型商务谈判不可或缺的工具。

制造谈判舆论气氛的四要素,如表2-2所示。

表2-2 制造谈判舆论气氛的四要素

要素	注释
1. 谈判主体	即由谁来从事这一工作,可以是谈判者,也可以是其他的人
2. 采用的工具	即采用哪种传播媒介
3. 接受对象	即我们所造就的舆论和气氛要影响和感染哪些人
4. 采用的方式	即结合我方谈判的目的及谈判对象的特点,确定以什么形式、什么内容,来最有效地影响谈判对象,为谈判的正式开始做好铺垫

在这四个要素中,前三者构成了制造谈判舆论气氛的基本条件,最后一个要素是必要条件,四者缺一不可。

4) 谈判开局气氛的营造

谈判开局气氛对整个谈判过程起着相当重要的影响和制约作用。可以说,任何一方如果控制了谈判开局气氛,那么,在某种程度上也就等于控制了谈判对手。

根据谈判气氛的高低,可以把商务谈判的开局气氛分为高调气氛、低调气氛和自然气氛。

(1) 高调气氛

① 高调气氛概述

高调气氛概述,如表2-3所示。

表2-3 高调气氛

类型	注释	营造条件
高调气氛	指谈判情势比较热烈,谈判双方情绪积极、态度主动,愉快因素成为谈判情势主导因素的谈判开局气氛	己方占有较大优势,价格等主要条款对己方极为有利
		双方企业有过业务往来,关系很好
		双方谈判人员个人之间的关系友好
		己方希望尽早与对方达成协议

在高调气氛中，谈判对手往往只注意到己方的有利方面，而且对谈判前景的看法也倾向于乐观。因此，高调气氛可以促进协议的达成，如图 2－9 所示。

图 2－9　高调的气氛（图片来源：百度图片）

② 营造方法

a. 感情攻击法

感情攻击法是指通过某一特殊事件来引发普通存在于人们心中的感情因素，并使这种感情迸发出来，从而达到营造气氛的目的。

【案例分析】

中国一家彩电生产企业准备从外国引进一条生产线，于是与外国这家公司进行了接触，双方分别派出了一个谈判小组就此问题进行了谈判。

谈判那天，当双方谈判代表刚刚就座时，中方的首席代表就站了起来，他对大家说："在谈判开始之前，我有一个好消息与大家分享。我的太太在昨天夜里为我生了一个大胖儿子！"此话一出，中方职员纷纷站起来向他道贺，外方代表也是纷纷站起来向他道贺。

整个谈判会场的气氛顿时高涨起来，谈判进行得非常顺利。中方企业以合理的价格顺利地引进了一条生产线。

原来这位首席代表对该外国公司做了一番了解，发现这家公司的谈判人员习惯板起面孔，造成一种冰冷的谈判气氛们给对方造成一种心理压力，从而控制整个谈判，趁机抬高价码或提高条件。于是，他便想出了用自己的喜事来打破对方的冰冷面孔，营造一种有利于己方的高调气氛。

b. 称赞法

称赞法是指通过称赞对方来削弱对方的心理防线，从而激发出对方的谈判热情，调动对方的情绪，营造高调气氛。

采用称赞法时应该注意以下三点：

第一，选择恰当的称赞目标。选择称赞目标的基本原则是投其所好，即选择对方最引以自豪的、并希望己方注意的目标。

第二，选择恰当的称赞时机。如果时机选择得不好，称赞法往往适得其反。

第三，选择恰当的称赞方式。称赞方式一定要自然，不要让对方认为是在刻意奉承他，否则会引起对方的反感。

c. 幽默法

幽默法是指用幽默的方式来消除谈判对手的戒备心理，使其积极参与到谈判中来，从而营造高调谈判开局气氛。

采用幽默法时要注意以下三点：

第一，选择恰当的时机；

第二，采取适当的方式；

第三，要收发有度。

【案例分析】

刘经理与王厂长约好中午 12:00 点在生态园吃饭和谈判。可是一个小时后，王厂长才赶到，他抱歉地说“对不起，我来晚了，让你饿了这么久。”

刘经理答道：“没关系，我已经饱餐了美食的香气和绿色的空气。”

刘经理用夸张的幽默手法表达了自己的不满，比起：“你来得这么晚，让我先吃完午餐。”要巧妙得多，而王厂长在刘经理的幽默中更感愧疚。

(2) 低调气氛

① 低调气氛概述

低调气氛概述，如表 2 - 4 和图 2 - 10 所示。

表 2 - 4　低调气氛概述

类　型	注　释	营造条件
低调气氛	指谈判气氛十分严肃、低落，谈判的一方情绪消极、态度冷淡，不快因素构成谈判情势的主导因素	己方有讨价还价的筹码，但并不是占有绝对优势
		双方企业有过业务往来，但本企业对对方企业的印象不佳

图 2 - 10　低调的气氛(图片来源：百度图片)

② 营造方法

a. 情感攻击法

这里的感情攻击法与营造高调气氛的感情攻击法性质相同，即都以情感诱发作为营造气氛的手段，但两者的作用方向相反。在营造高调气氛的感情攻击中，是激起对方产生的积极的情感，使得谈判开局充满热烈的气氛；而在营造低调气氛时，是诱发对方产生消极情感，致使一种低沉、严肃的气氛笼罩在谈判开始阶段。

【案例分析】

美国克莱斯勒公司总经理艾科卡1979年在克莱斯勒公司濒临倒闭时临危受命，他上任后做的第一件大事就是请求美国政府同意为公司15亿美元的紧急贷款提供担保，以维持公司最低限度的生产活动。但是，此建议一出，立即在美国社会引起了一场轩然大波。在崇尚自由竞争的美国，公众几乎是众口一词：让克莱斯勒赶紧倒闭吧！大部分国会议员也不同意政府涉入私营企业的经营。

10月18日，艾柯卡第一次出席国会为此而举行的有相关政府机构、银行参加的听证会。在听证会上，艾柯卡一开始就明确地提出自己的开场白："相信诸位都明白，我今天在这里绝不只是代表我一个人说话。我代表着成千上万依靠克莱斯勒公司为生的人们，事情就是那么简单。我们有14万职工和他们的家属，4 700家汽车商及所属的15万职工，1.9万家供应商和其雇用的25万人，还有这些人的全部家属。"

为了让这些议员们认清后果，他又提出："如果克莱斯勒公司倒闭了，全国的失业率会在一夜之间暴长0.5个百分点，美国政府在第一年里就得为这高达几十万的失业人口花费27亿美元的保险金和福利金。各位可以自由选择，你们是想现在就付出27亿美元呢？还是将它的一半用来提供贷款担保，并可在日后全部收回呢？"

他随后又指出，日本汽车正乘虚而入，如果克莱斯勒倒闭了，它的几十万职员就得成为日本的佣工。艾柯卡让这些议员彻底认清了拒绝克莱斯勒请愿案的后果，成功地转变了他们的态度，达到了自己期望的目标。最后，艾柯卡拿到了他所需要的15亿美元的贷款担保。

同样是在克莱斯勒破产风波中，虽然公司获得了政府的支持和贷款担保，但银行界却一直持否定态度。要想争取贷款给公司的400家银行同意延期收回6.55亿美元的到期债款，十分困难。

公司董事会委托杰里格林沃尔德和史蒂夫米勒与各银行协调处理这一问题。同银行的谈判十分复杂。起初，史蒂夫分别找银行一家一家的谈。后来，他发现这个办法行不通。于是，改成把大家召集在一起谈，效果好一些。最后，他宣布说："我给你们一个星期的时间考虑，4月1日，也就是下星期二，我们再开会。"有些银行代表威胁说他们将不到会，结果都来了。

如果银行家们在这次会议上还达不成协议，那么，后果将不堪设想。因为，当时全国经济衰退形势已很严重，克莱斯勒宣布破产，很可能意味着一个更为可怕的经济灾难即将来临。

当4月1日全体成员都到会时，史蒂夫宣布会议开始。他的开场白实在让人震惊："先生们，昨天晚上，克莱斯勒董事会举行了紧急会议。鉴于目前的经济衰退，公司的严重亏损，利率的节节上升，更不要说银行家的不支持态度，公司决定今晨9:30宣布破产。"

整个会议室里鸦雀无声，空气异常沉闷。这时，格林沃尔德目瞪口呆，他是董事会成员之一，他到现在才知道有这个会，这么重要的会议，怎么没有让他参加呢？接着，米勒补充说："也许我应提醒诸位，今天是4月1日。"

人们大大松了口气。不幸的是，欧洲人从来没有听说过愚人节。他们仍然眼睛盯着墙上，搞不清4月1日到底与这件事有何相干。

这是米勒在开会前5分钟想出来的一条奇谋。它有很大的冒险性，但结果证明很灵验。它使会场中的每一个人把焦点集中在一幅更大的可怕图景中，想象不达成协议可能产生的后果。

而史蒂夫制定的让步计划也终于为全体与会者所接受：6.6亿美元到期贷款延期收回；4年内以5.5%的利率支付40亿美元贷款的利息。

b. 沉默法

俗话说沉默是金。沉默法是以沉默的方式使谈判气氛降温，从而达到向对方施加心理压力的目的，但并不是一言不发，而是对谈判的实质问题不发表评论，对对方的问题和表述不做积极的回应。

采用沉默法时要注意以下二点：

第一，要有恰当的沉默理由。通常人们采用的理由有假装对某项技术问题不理解、假装不理解对方对某个问题的陈述、假装对对方的某个礼仪失误表示十分不满。

第二，要沉默有度，适时进行反击，迫使对方让步。

【案例分析】

在一次贸易谈判中，A 国代表提出 A、B 两国联合向 C 国提供一种新的生产设备和工艺技术，A、B 两国双方就联合一事进行贸易谈判。

A 国代表开局时热情非常高，摆出势在必得的架势。谈判一开始，A 国代表就喋喋不休地大谈他们的技术如何先进，价格如何合理，售后服务如何周到。与 A 国代表相反的是 B 国的代表十分低调，一声不吭，只是埋头记录。

当 A 国代表兴致勃勃地讲完以后，问 B 国代表还有什么问题时，B 国代表却一脸茫然，假装没听懂。如此反复几次后，A 国代表也没什么热情了，整个气氛转入了相对低沉的状态。

B 国代表看到时机成熟了，就开始“冷冰冰”地向对手提出一连串问题，尖锐程度也是 A 国代表没有预料到的，结果阵脚大乱。

最终 B 国代表将价格压到了 A 国代表能承受的极限，轻松获得了成功，B 国在这次联合中取得了更多的利益。

c. 疲劳法

疲劳法是指使对方对某一个问题或某几个问题反复进行陈述，从生理和心理上使对方疲劳，降低他的热情，从而达到控制对方并迫使其让步的目的。

一般来讲，人在疲劳的状态下，思维的敏捷程度也会下降，并容易出现错误，热情降低，工作情绪不高，比较容易屈从于别人的看法。

采用疲劳法应注意以下三点：

第一，多准备一些问题，而且问题要合理。每个问题都能起到疲劳对手的作用。

第二，认真倾听对手的每一句话，抓住错误、记录下来，作为迫使对方让步的砝码。

第三，避免激起对方的对立情绪，致使谈判破裂。

【案例分析】

中东的企业家们最常采用的战术就是疲劳法，他们在白天天气酷热时邀请欧洲的代表观光，晚上则招待他们观赏歌舞表演。经过充分的休整，到了深夜，白天不见踪影的中东代表团的领队出现了，神采奕奕地和欧洲代表展开谈判。欧洲代表经过一天的奔波，早已疲惫不堪，只想早点休息。那么谈判的结果可想而知，欧洲代表常常会做出让步。

d. 指责法

指责法是指对对手的错误或失误加以指责甚至穷追不舍，使其感到内疚、惶恐，从而营造一种压抑的低调气氛，以达到迫使谈判对手让步的目的。

【案例分析】

美国知名企业到德国进口一套大型设备。美方谈判小组人员因交通堵塞耽误了时间，当他们赶到谈判会场时，比预定时间晚了近半个小时。德方代表对此大为不满，花了很长时间来指责美方代表的这一错误，美方代表感到很难为情，频频向德方代表道歉。

(3) 自然气氛

① 自然气氛概述

自然气氛概述，如表 2-5 和图 2-11 所示。

表 2-5　自然气氛

类　型	注　释	营造条件
自然气氛	是指谈判双方情绪平稳，谈判气氛既不热烈，也不消沉。自然开局气氛便于向谈判对手进行摸底	当己方对谈判对手的情况了解较少，对手谈判态度也不是很明朗时
		谈判双方势均力敌或实力相差不多
		双方企业有过业务往来，关系一般
		双方企业在过去没有业务关系往来，是第一次业务接触

图 2-11　自然的气氛(图片来源：百度图片)

营造自然气氛时要注意以下四点：

第一，注意自己的行为、礼仪。

第二，要多听，多记，不要与谈判对手就某一问题过早发生争议。

第三，要准备几个问题，询问方式要自然。

第四，对对方的提问，能做正面回答的一定要正面回答；不能回答的，要采用恰当方式进行回避。

5）建立谈判气氛的行为忌讳

（1）缺乏自信，举止慌乱；

（2）急于接触实质性问题；

（3）过早地对对方的意图形成固定的看法；

（4）闲聊时间不宜过长，内容不宜太深入；

（5）不要用手指着对方说话；

（6）尊重风俗、习惯、宗教信仰；

（7）以国家利益为重。

小组演练

1. 提出讨论要求

（1）指导老师对全班学生进行分组，6～8人为一个组，每个小组推选一位组长，组长带领组员以组为单位进行情境演练。

（2）组长以组为单位，带领组员以情境导入的案例为背景，完成讨论表2-6中的问题。

（3）组长以组为单位，带领组员以表2-7剧本中的情境描述为背景，参考剧本中的案例，发挥同学们的想象力，讨论完成剧本编写，并进行演练，剧本中的角色包括销售顾问及客户（根据剧本需要也可添加其他角色），角色扮演者，小组内部自定。

（4）剧本中的角色由组长在本组成员中挑选，组长选出组员演练后，上台进行表演。

（5）每组依次上台表演，老师点评并完成学习评估表。

表2-6　讨论表

【场景描述】 一个中国谈判小组第一次赴伊拉克进行一项建造汽车4S店的工程承包谈判。在闲聊中，中方负责商务条款的成员无意中评论了其国教伊斯兰教，引起对方成员的不悦。当谈及实质性问题时，对方较为激进的商务谈判人员丝毫不肯让步，并一再流露撤出谈判的意图	
提　问	**答　案**
1. 中方人员在谈判开始前的闲聊中犯了何种忌讳？	
2. 选择你认为最不适合闲聊的话题是： A. 邀请对方谈判后一起参加酒会或饭局 B. 夸奖该国石油为全世界做出的贡献 C. 自己向往该国的名胜古迹	

表 2-7 情景演练剧本

<table>
<tr><td colspan="4">情境演练剧本</td></tr>
<tr><td colspan="4">【场景描述】
一位客户张先生来店看车，你作为销售顾问正好接待了他。
张先生是一个比较谨慎的人，他进展厅后，自己默默地在看车，不太愿意与销售顾问交流。作为销售顾问的你，将会为张先生制造一个什么样的开局氛围呢？以什么话题引导张先生与你交流呢？将你的设想编写成剧本，并演练。(剧本至张先生愿意与你展开交流便可以结束)
提示：需要准备 2 或 2 个以上的话题，使张先生卸下对你的防备</td></tr>
<tr><td>销售顾问扮演者</td><td></td><td>顾客扮演者</td><td></td></tr>
<tr><td colspan="4">【参考案例】
有位客户来店看车，销售顾问询问到客户的购车预算时，客户总是闪烁其词，拿不定主意，这时销售顾问采取了这样的开局方式。
销售顾问：“陈先生，我给您讲个故事吧，我有个朋友，最近买了一辆新车，但是他却怎么也高兴不起来。”
客　　户：“为什么啊?”
销售顾问：“因为他最初的计划是想买一辆总价在 5 万至 6 万元的二手车用于上下班代步，但是他的同事告诉他五六万元能买新车了。”
客　　户：“说的也是啊。”
销售顾问：“我朋友也是觉得有道理，就决定不买二手车了，决定买普桑，可是他的朋友又说普桑太平常，不如加个两三万元买更好的，反正都买了。我朋友想想也觉得对，就把购车预算加到了 9 万元。”
客　　户：“反正都买了，稍微加一点，你朋友的想法完全正常啊。”
销售顾问：“可是他去店里看车，店里的销售顾问告诉他，八九万元只能买到最低配的，只要加一两万元就能买配置稍微好一点的了，如果再加上天窗、自动恒温空调、六碟 CD 等高档配置，那以后兜风、自驾游会更惬意的。我朋友觉得都很有道理，最后选定的车，上完牌照一共花费了 13 万元，他把积蓄全都拿出来买了这辆车，看车很体面。但是他没有多余的积蓄了，以后每个月的养车费用也要在 1 000 元左右，所以他觉得这辆车使得他的生活品质下降了。”
客　　户：“……”
销售顾问：“所以啊，很多客户来选车时，我都会和他们讲这个故事，提醒他们做好购车预算的重要性。其实，像我朋友这种情况也完全可以做个分期付款，这样压力就不会那么大了，所以我们销售顾问还是可以根据客户的情况给出专业意见的，陈先生，您说是吗?”
客　　户：“是的是的，你们遇到的情况多，可以帮我们参考的。”
销售顾问：“那陈先生您希望选购哪个价格段的车辆呢？让我帮您参考一下，然后我们一起挑选最适合您的车。”
客　　户：“好的。”</td></tr>
<tr><td colspan="4">编 写 剧 本</td></tr>
<tr><td colspan="4"></td></tr>
</table>

2. 进行演练

3. 学习评估

指导老师根据各组员的个人表现及其所在小组的团体表现，对其讨论过程进行评估。评估标准如表 2 - 8 所示。

表 2 - 8　学习评估表

评估内容	满分	得分
1. 声音适量，字句清楚，语速适当，亲和力强	20	
2. 组员积极参与的程度及团队意识	20	
3. 话题选取的合适程度（以中性话题为主）	20	
4. 剧本编写的合理性	20	
5. 整个表演过程的连贯性及观赏性	20	

任务2　制定谈判开局的策略

学习目标

1. 能够为具体的商务谈判确定相应的开局策略；
2. 能够提高商务谈判开局的能力。

学习内容

1. 商务谈判开局策略的概述；
2. 典型开局策略的类型；
3. 谈判开局应考虑的因素。

知识准备

营造适当的谈判气氛实质上就是为实施谈判开局的策略打下基础。在正常情况下，谈判双方都是抱着实现自己合理利益的目的而与对方坐在谈判桌前的，因而双方都希望能在一个轻松、愉快的气氛中进行谈判。

1. 商务谈判开局策略的概述

1）定义

谈判开局策略是谈判者谋取开局有利形势和实现对谈判开局的控制而采取的行动方式或手段。

2）地位与作用

开局阶段是双方摆明各自立场的阶段，谈判格局是在开局后几分钟内确定的。在开局阶段，人们的注意力最集中，谈判双方阵容中个人地位及所担当的角色充分暴露出来。

3）开局的任务

(1) 引起对方的兴趣，吸引对方注意力。

(2) 做好建设性的基础工作。

(3) 营造适当的谈判气氛。

(4) 争取开局主动权。

每一次谈判的目标和谈判对手都不同，但是彼此相互寒暄是必不可少的。实际上，在双方彼此寒暄的表情和言谈话语中，就已展开了策略的较量。由于谈判开局关系到整个谈判的方向和进程。因此，涉及谈判开局的策略，在商务谈判中显得尤为重要。谁率先掌握了准确而又详尽的信息，谁就很容易施展自己的谋略，并掌握谈判的主动权，控制谈判的方向、节奏，更好地为自己的利益服务。

任何商务谈判都是在特定的气氛中开始的，因而，谈判开局策略的实施都要在特定的谈判开局气氛中进行，谈判开局的气氛会影响谈判开局策略，与此同时，谈判的开局策略也会反作用于谈判气氛，成为影响或改变谈判气氛的手段。所以，当对方营造了一个不利于己方的谈判开局气氛时，谈判者可以采用适当的开局策略来改变这种气氛。

4) 商务开局策略

(1) 一致式开局策略

一致式开局策略是指在谈判开始时，为使对方对自己产生好感，以协商肯定的语言进行陈述，使对方对己方产生好感，创造双方对谈判的结果充满“一致性”的感觉，从而使谈判双方在友好、愉快的气氛中展开谈判工作。

【案例分析】

1972 年 2 月，尼克松总统应邀访问中国，他在中国欢迎他的仪式上竟然听到了他十分喜爱的一支乐曲《美丽的亚美利加》，他原本没有想到在中国能听到这支赞美他家乡的乐曲，不禁为中国方面的热情友好所感动。中美的外交谈判也由此更增添了几分良好的气氛，如图 2-12 所示。

图 2-12 尼克松访华

一致式开局策略可以在高调气氛和自然气氛中运用，但尽量不要在低调气氛中使用。因为，在低调气氛中使用这种策略容易使自己陷入被动。一致式开局策略如果运用得好，可以将自然气氛转变为高调气氛。

(2) 保留式开局策略

保留式开局策略是指在谈判开始时，对谈判对手提出的关键性问题不做彻底、确切的回答，而是有所保留，从而给对手造成神秘感，以吸引对手进入谈判。

【案例分析】

某外资企业与我国福建省一家公司进行了接触，双方互派代表就茶叶投资问题进行谈判。

谈判一开始，外资企业代表就问道：“贵公司的实力到底如何我们还不十分了解，能否请您向我们介绍一下以增加我方进行合作的信心？”

中方代表回答道：“不知贵方所指的实力包括哪几方面，但有一点我可以明确地告诉您，造飞机我们肯定不行，但是制茶我们是内行，我们的制茶技术是世界第一流的。福建有着丰富的茶叶资源，我们公司可以说是‘近水楼台’。贵公司如果与我们合作的话，肯定会比与其他公司合作得满意。”

采用保留式开局策略时注意不要违反商务谈判的道德原则，即以诚信为本。向对方传递的信息可以是模糊信息，但不能是虚假信息。否则，会将自己陷入非常难堪的局面之中。

(3) 坦诚式开局策略

坦诚式开局策略是指以开诚布公的方式向谈判对手陈述自己的观点或意愿，尽快打开谈判局面。

这种策略比较适合有长期合作关系的双方，对于以往的合作，双方都比较满意，无需用太多的客套，坦率地提出自己的观点反而更能使对方产生信任感。

这种策略也适合谈判实力较弱的一方，坦率地摆出自己的弱点，表现出合作诚意，有利于继续合作。

【案例分析】

北京门头沟一位党委书记在同外商谈判时，发现对方对自己的身份持有强烈的戒备心理。这种状态妨碍了谈判的进行。于是，这位党委书记当机立断，站起来向对方说道："我是党委书记，但也懂经济、搞经济，并且拥有决策权。我们摊子小，实力不大，但人实在，愿真诚与贵方合作。咱们谈得成也好、谈不成也好，至少您这个外来的'洋'先生可以交一个我这样的中国的'土'朋友。"寥寥几句肺腑之言，一下子就打消了对方的疑虑，使谈判顺利地向纵深发展。

坦诚式开局策略可以在各种谈判气氛中应用。这种开局方式通常可以把低调气氛和自然气氛引向高调气氛。

(4) 慎重式开局策略

慎重式开局策略是指以严谨、凝重的语言进行陈述，表达出对谈判的高度重视和鲜明的态度，目的在于使对方放弃某些不适当的意图，已达到把握谈判的目的。

(5) 进攻式开局策略

进攻式开局策略是指通过语言或行为来表达己方强硬的姿态，从而获得谈判对手必要的尊重，并借以制造心理优势，使得谈判顺利地进行下去。

该策略要运用得当，以理服人，抓住关键要害，对事不对人，要表现出己方自重、自信和认真的态度。

【案例分析】

日本一家著名的汽车公司丰田在美国刚刚"登陆"时，急需找一个美国代理商来为其推销产品，以弥补他们不了解美国市场的缺陷。

当日本公司准备同美国的一家公司就此问题进行谈判时，日本公司的谈判代表因路上塞车迟到了。美国公司的代表抓住这件事紧紧不放，想要以此为手段获取更多的优惠条件。日本公司的代表发现无路可退，于是站起来说："我们十分抱歉耽误了您的时间，但是这绝非我们的本意，我们对美国的交通状况了解不足，所以导致了这个不愉快的结果，我希望我们不要再因为这个无所谓的问题耽误宝贵的时间了，如果因为这件事怀疑到我们合作的诚意，那么，我们只好结束这次谈判，我认为，我们所提出的优惠代理条件是不会在美国找不到合作伙伴的。"

在此案例中日本谈判代表针对美国代理公司的进攻式开局策略也采用进攻式开局策略，阻止了美方谋求营造低调气氛占据谈判主动权的企图。

(6) 挑剔式开局策略

挑剔式开局策略是指开局时对对方的某项错误或礼仪失误而严加指责，使其感到内疚，从而达到营造低调气氛，迫使对手让步的目的。在使用该种策略时要把握好度，如果态度过于恶劣，导致对方无法接受，对方极有可能会退出谈判。

【案例分析】

巴西一家公司到美国去采购成套设备。

巴西谈判小组的成员因上街购物，耽误了时间，当他们达到谈判地点时，比预定时间晚了45分钟。

美方代表对此极为不满，花了很长时间来指责巴西代表不遵守时间，没有信用，如果老是这样的话，以后很多工作很难合作，浪费时间就是浪费资源、浪费金钱。

对此巴西代表感到理亏，只好不停地向美方代表道歉。谈判开始以后，美方代表似乎还对巴西代表来迟一事耿耿于怀，一时间弄得巴西代表手足无措、说话处处被动，无心与美方代表讨价还价，对美方提出的诸多要求也没有静下心来认真考虑，匆匆忙忙就签订了合同。等到合同签订以后，巴西代表平静下来，头脑不再发热时才发现自己吃了大亏，上了美方的当，但已经晚了。

2. 策划开局策略时应考虑的因素

不同类型的谈判，需要有不同的开局策略。谈判开局策略的选择要受到谈判双方实力对比、谈判形势、谈判气氛营造等一系列因素的制约和影响，选择谈判开局策略，必须全面考虑这些因素，并且在实施时还要依据谈判经验对其进行调整。

1) 谈判双方企业之间的关系

(1) 双方企业过去有过业务往来，且关系很好。那么，这种友好关系应该作为双方谈判的基础。开局阶段的气氛应该是热烈友好的；那么在寒暄结束后，切入实质性谈判。例如：

“过去我们双方一直合作得很愉快，我想，这次我们仍然会合作愉快。”

(2) 双方企业过去有过业务往来，但关系一般。那么，开局的目标仍然是要争取营造友好、随和的气氛，这时双方谈判人员在语言的热情程度上要有所控制，在内容上简单聊一些过去业务和人员的交往或者说一些双方人员的兴趣爱好。寒暄结束后，切入实质性谈判。例如：

“过去我们双方一致保持着业务往来的关系，我们希望通过这一次的交易磋商，将我们双方的关系推到一个新的高度。”

(3) 双方企业过去有过业务往来，但本企业对对方企业的印象不佳。开局阶段的气氛应该是严肃、凝重的。所以本方人员在注意语言礼貌的同时，应该比较严谨，甚至可以带点冷峻，与对方保持一定的距离。寒暄结束后，切入实质性谈判。例如：

“过去我们双方有过一段合作关系，但遗憾的是并不令人愉快。千里之行，始于足下，让我们从这里开始吧。”

(4) 双方企业过去有过业务往来，本次为第一次接触。那么在开局阶段，应力争一个友好、真诚的氛围。以淡化和消除双方的陌生感以及由此带来的防备。这时己方人员应表现出礼貌友好，不失身份，态度上应不卑不亢，沉稳中不失热情，自信但不傲气。寒暄结束后，切入实质性谈判。例如：

“这笔交易是我们双方的第一次业务交往，希望它能成为我们双方发展长期友好合作关系的一个良好的开端。我们都是带着希望来的，我想，只要我们共同努力，我们一定会满意而归的。”

2）谈判双方的实力

根据谈判双方的实力策划开局氛围，如表2-9所示。

表2-9　根据谈判双方实力策划开局氛围

双方实力	解　释	开局氛围
优势定位法	己方实力明显强于对方	把创造友好合作，平等坦诚的谈判气氛作为己方开局目标的策略方法。在语言和姿态上，既要表现得礼貌友好，又要充分显示出己方的自信和气势
均势定位法	双方实力相当	把营造友好，轻松，和谐的谈判气氛作为开局策略的目标。谈判人员在语言和姿态上要做到轻松而不失严谨、礼貌而不失自信、热情而不失沉稳
劣势定位法	己方力量较弱	先追求平等对话，后创造友好气氛作为自己开局目标策略方法。在语言和态度上，一方面表现出友好和积极合作，另一方面也要充满自信，举止沉稳，谈吐大方，使对方不能轻视我们

3）谈判双方人员之间的关系

如果谈判人员原来就有来往，且关系较好，那么在谈判桌上提出要求做出让步，达成协议就比较容易，还可以提高谈判效率。

小组演练

1. 提出演练要求

（1）指导老师对全班学生进行分组，6～8人为一个组，选出组长，组长带领组员以组为单位进行情境演练。

（2）组长以组为单位，带领组员以表2-10情境演练剧本中的话术进行演练，剧本中的只是部分话术，演练时，可使对话内容更连贯。

（3）剧本中的角色由组长在本组成员中挑选，组长选出组员演练后，并上台进行表演。

（4）小组成员在表演中发挥想象力，使表演更富观赏性，并注意运用积极的肢体语言。

（5）每组依次上台表演，老师点评并完成学习评估表。

2. 进行演练

根据剧本内容进行演练，如表2-10所示。

表2-10　情境演练剧本

情境演练剧本			
【场景描述】 一对夫妻带着他们的女儿在一个下雨天到4S店看车，你作为销售顾问正好接待了他们			
销售顾问扮演者		顾客扮演者	

（续表）

剧　　本
销售顾问站在展厅门口迎接客户。 销售顾问在展厅门口看到客户到店，撑着伞跑向客户迎接他们。 把客户迎进展厅后，销售顾问开始了自我介绍。 销售顾问："您好，欢迎来到××汽车销售公司，我是销售顾问××，很高兴为您服务。请问先生贵姓？" 客　　户："免贵姓陈，这是我太太和女儿"。 销售顾问："陈先生，陈太太，你们好！漂亮的小朋友，你叫什么名字啊？" 客　　户："我叫茜茜。" 销售顾问："你真可爱，欢迎你们来到我们店。" 客　　户："我们今天来看××车的，你给我们好好介绍一下。" 销售顾问："好的，没问题，陈先生，一会就给你们介绍。外面下那么大的雨，我看你们身上都有雨水了，这样吧，要不我们先去休息室，先喝点热的暖暖身子，你们顺便也能擦拭下身上的雨水，之后我再给你们介绍车辆，您看怎么样？" 客　　户："好的，谢谢。" 指引客户进入休息室。 销售顾问："陈先生，陈太太，我们这里免费为您提供果汁、咖啡、茶水，你们需要哪种呢？" 客　　户："给我们来杯茶吧，给我女儿一杯果汁。" 销售顾问："好的，请稍等。" 销售顾问给客户准备饮料。 销售顾问："小朋友，我们这里有儿童游乐区，你也可以去玩，我们这里有幼教阿姨可以陪着你一起玩。" 客　　户："这样挺好的，茜茜，你跟着阿姨去玩会，爸爸妈妈看完车来找你。"

3. 学习评估

指导老师根据各组员的个人表现及其所在小组的团体表现，对其讨论过程进行评估。评估标准如表2-11所示。

表2-11　学习评估表

评估内容	满分	得分
1. 声音适量，字句清楚，语速适当，亲和力强	20	
2. 组员积极参与的程度及团队意识	20	
3. 运用积极的肢体语言	20	
4. 整个表演过程的连贯性	20	
5. 想象力的发挥及表演效果	20	

学习情境3　谈判摸底

学习目标

1. 能够根据不同的谈判对象使用不同的沟通谈判技巧；
2. 能够进行开场陈述；
3. 能够熟练运用谈判摸底的技巧；
4. 能够运用谈判摸底策略。

情境导入

1994年，美国对日本的逆差达660亿美元，而这中间60%的逆差生成于进口的日本汽车中，日本汽车大量进入美国市场，一年约400万辆。于是就有了1995年美日汽车贸易谈判。

美国谈判方认为日本汽车市场不开放，而日方却认为本国政府未采取任何限制措施。为了使谈判顺利，日本在谈判正式开始前就先向美国人民做了“开场陈述”。

日本汽车制造业协会出钱在华尔街报纸做广告，标题是：“我们能多么开放呢?”接着文字说明：“请看以下事实，第一，对进口汽车，零件无关税；第二，对美国汽车实行简便的进口手续；第三，美国汽车免费上展台；第四，销售商根据市场需求决定卖什么车。”

之后又总结出美国车在日本销售不好的原因有：日本汽油昂贵，所以日本人只能买省油的小汽车；美国出口的是大型车。最后得出结论：自由贸易才是成功之路。

日本这样的“开场陈述”作为表达，得到了美国很多人的支持，为后期的谈判奠定了良好的基础。

任务 1　运用技巧制定开场陈述

学习目标

1. 能够根据不同的谈判对象使用不同的技巧；
2. 能够进行开场陈述。

学习内容

1. 谈判摸底概述；
2. 谈判对象的类型及谈判技巧；
3. 开场陈述的定义；
4. 开场陈述的原则；
5. 开场陈述的内容；
6. 开场陈述的方式；
7. 开场陈述的方法。

知识准备

谈判开局之后，随即进入双方相互了解和接触摸底阶段，是进一步设法弄清对方“底牌”的阶段。实际的谈判过程是从摸底开始的，谈判双方旁敲侧击，窥探对方意图，双方互相了解对方的期望值。

1. 谈判摸底概述

1）定义

摸底阶段是双方谈判人员见面入座开始洽谈到话题进入实质内容之前的阶段，是双方通过交谈相互了解各自的立场观点和意图的阶段。

2）目的

俗话说“知己知彼，百战百胜”。设法弄清对方“底牌”的阶段，目的是要在谈判中掌握更多的主动权。

2. 谈判对象的类型及谈判技巧

1）谈判对象的类型

以人类性格的内外向及行动的主被动作为划分依据，可以将谈判对象的类型分为：分析型、主导型、社交型及和蔼型，如图 3－1 所示。

2）各类型的特征表现及谈判技巧

不同的谈判对象需要不同的谈判小技巧，如表 3－1 所示。

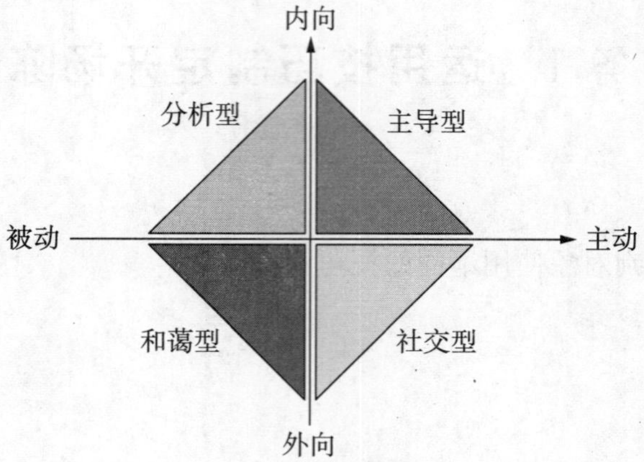

图 3－1　谈判对象类型

表 3－1　各类型的表现特征及技巧

性格类型	特征表现	技　巧
分析型 	● 严肃认真 ● 动作慢 ● 有条不紊 ● 注意细节 ● 语调单一 ● 语言准确 ● 合乎逻辑 ● 有计划步骤 ● 寡言沉默 ● 使用图表 ● 面部表情少 ● 喜欢有较大的个人空间	● 注重细节 ● 遵守时间 ● 尽快切入主题 ● 边说边认真记录 ● 不要有太多眼神交流 ● 多使用准确的专业术语 ● 多列举一些具体的数据
主导型 	● 处事果断 ● 敢于作为 ● 指挥别人 ● 强调效率 ● 独立 ● 有目光接触 ● 说话快且有说服力 ● 热情 ● 语言直接,有目的性 ● 面部表情比较少 ● 情感不外露 ● 审慎	● 回答一定要非常准确 ● 按照实际情况,有具体的依据 ● 直接告知目的,节省时间 ● 声音洪亮,目光接触,充满信心 ● 要有计划,注重落实 ● 直奔结果,从结果反推
和蔼型 	● 合作 ● 友好 ● 面部表情和蔼可亲 ● 频繁的目光接触 ● 赞同 ● 耐心 ● 说话慢条斯理 ● 声音轻柔,抑扬顿挫 ● 轻松 ● 使用鼓励性的语言 ● 办公室里有家人照片	● 首先要建立好关系 ● 沟通过程中要时刻充满微笑 ● 说话要慢,注意抑扬顿挫 ● 鼓励,多征求意见 ● 要有频繁的目光接触

（续表）

性格类型	特征表现	技　巧
社交型 	● 外向 ● 合群 ● 直率友好 ● 热情 ● 动作和手势比较快 ● 不注重细节 ● 活泼好动 ● 语调生动活泼、抑扬顿挫 ● 令人信服 ● 幽默 ● 语言有说服力	● 声音一定相应的要洪亮 ● 要有一些动作和手势 ● 多从宏观的角度去讲问题 ● 说话要非常直接 ● 进行书面的确认，反复提醒

3. 开场陈述的定义

所谓开场陈述，是指在开始阶段双方就本次谈判的内容，陈述各自的观点、立场及对对方建议的反应。

开场陈述的任务是让双方能把本次谈判所要涉及的内容全部提示出来，同时使双方彼此了解对方对本次谈判内容所持有的立场与观点，并在此基础上，就一些分歧分别发表建设性意见或倡议。

4. 开场陈述的原则

(1) 谈判双方分别进行开场陈述，在此阶段，各方阐明自己的立场，阐述双方的共同利益。

(2) 陈述重点应放在自己的利益上，不要试图猜测对方的立场。

(3) 陈述的内容是原则性的，而不是具体的，一般来说，开始阶段的谈判任务是向着横向而不是纵向发展，也就是说，只洽谈本次谈判中的原则性问题和陈述己方的基本立场、观点和建议，而不是就某一个具体问题作深入谈判。

(4) 开场陈述首先应简明扼要，要使对方能够很快发问，其次应通俗易懂，这样既可避免对方误会，又可使双方有机会立即交谈下去，还可避免被冗长烦琐的发言搅昏头脑而影响谈判气氛。

(5) 对方陈述时不要插言，待其陈述完毕后，再进行提问，只有待到问清对方的意图后，方才陈述己方的建议和立场。

5. 开场陈述的内容

开场陈述的内容指洽谈双方在开始阶段理应表明的观点、立场、计划和建议。主要包括以下内容：

1) 本方的立场

本方的立场，即本方希望通过洽谈应取得的利益；准备采取何种方式为双方共同获得利益做出贡献；今后双方合作中可能会出现的成效或障碍；本方洽谈的方针，等等。

2) 本方对问题的理解

本方对问题的理解，即本方认为本次会谈涉及的主要问题，以及对这些问题的看法、建议、想法等。

3) 对对方各项建议的回答

如果一方首先陈述或者在后来陈述中提出了某些建议，那么另一方就必须对其建议或陈述作出应有的反映。

【案例分析】

在一次汽车售后设备交易谈判中，卖方对买方作以下开场陈述：“各位先生，我首先代表我方向各位介绍一下我方对这批设备交易的看法。我们对这笔买卖比较感兴趣，我们希望贵方能够现款现货。不瞒诸位，此前已经有几家公司向我们提出了购买意向。现在关键的问题是时间，我们希望贵方能尽快决定这笔买卖的取舍。以前咱们没有打过交道，但据朋友们讲，贵方一向是很有合作精神的，相信这一次也一定会取得成功。这是我们的看法，不知是否说清楚了。”

在开场陈述中，必须把己方所持有的对本次谈判所涉及的内容、观点、立场和建议向对方作一个基本的陈述。因此，谈判者所采用的陈述方法往往是“横向铺开”而不是“纵向深入”地就某个问题深谈下去。

在一方陈述的同时，另一方所要做的事情就是认真倾听，明白对方的讲话，明白对方陈述的内容，对不清楚的问题可以对方提出解释或证实，以便能够正确理解对方观点。当明白对方的立场观点后，另一方就可以陈述自己的观点了。

6. 开场陈述的方式

开场陈述方式有完整的书面表达、书面表达后口头补充、口头表达这三种方式，如图 3-2 所示。

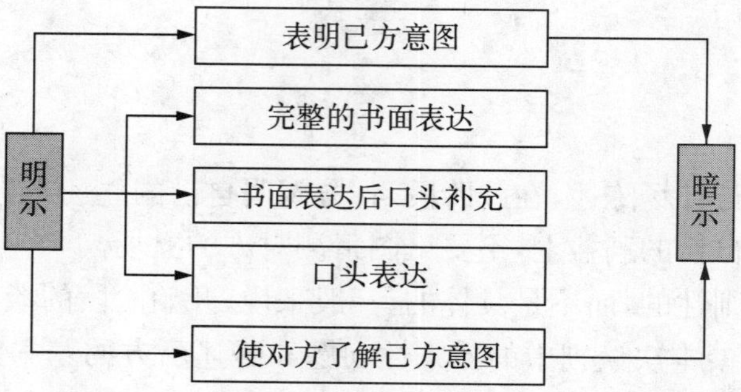

图 3-2　陈述的方式

1）完整的书面表达

完整的书面表达的概述，如表 3-2 所示。

表 3-2　完整的书面表达概述

	概　述	使用范围	注意事项
完整的书面表达 	是一种局限性很大的开场陈述的方式	① 在谈判规则的束缚下不可能有别的选择方式，例如，本部门向政府部门投标，政府部门规定在裁定的期间内不得与投标者见面、磋商； ② 本部门准备把提交最初的书面材料也作为最后的交易条件	① 文字材料要明确具体； ② 各项交易条件要准确无误，让对方一目了然； ③ 让对方一目了然，只需回答“是”与“不是”； ④ 无须再作任何解释

如果采取这一陈述方式对对方所提出的交易条件进行还价，那么还价的交易条件也必须是最终结果的，这时对方要么全盘接受，要么全盘拒绝。

2）书面表达后口头补充

书面表达后口头补充的概述，如表3-3所示。

表3-3 书面表达后口头补充

	优 点	缺 点
书面表达后口头补充	① 书面交易条件内容完整； ② 能把复杂的内容用详细的文字表达出来； ③ 对方可一读再读，全面理解	① 写上去的东西可能会成为一种对自己一方的限制，并难以更改； ② 文字形式的条款不如口语带有感情色彩，细微差别的表达不如口语表达； ③ 不同语种之间，局限性更强

因此，谈判者应掌握不同形式下的谈判技巧。在提出书面交易条件之后，就应努力做到下述要点：

(1) 让对方多发言，不可多回答对方提出的问题；尽量试探出对方反对意见的坚定性，即如果不做任何相应的让步，对方能否顺从意见。

(2) 不要只注意眼前利益，还要注意目前的合同与其他合同的内在联系。

(3) 无论心里如何感觉，都要表现出冷静、泰然自若。

(4) 要随时注意纠正对方的某些概念性错误，不要只在对本企业不利时才纠正。

在谈判中，对有些交易条件的妥协或让步往往是出于感情上的原因。因此，对于实力较弱的一方，越是使用书面文字，就越有可能难以充分利用“感情”因素去影响对方，从而就越有可能处于不利地位。那么，在此种场合下，若还是以书面文字来进行开场陈述，就显得多余。

3）口头表达

口头表达，即会晤前双方不提交任何书面方案，仅仅在开场陈述时，由双方口头陈述各自的立场、观点和意见。这种陈述方式在谈判中也比较常见，如图3-3所示。

图3-3 口头表达(图片来源：百度图片)

(1) 口头表达的优势

① 可以见机行事，有很大的灵活性

谈判者可以根据在开始阶段中对方所表现出来的立场、诚意及谈判中所出现的具体情况，去灵活变更自己的立场和策略，从而使谈判气氛有可能更加活跃。

② 先磋商后承担义务，更能发挥人的主观能动作用

采用此种方式的谈判双方，均有很多问题是事先无法估计的，大多需要依赖于临场发挥。所以，与上面两种陈述方式相比较，谈判者本身的素质就显得更加重要，若是素质好，且临场发挥也好的话，就有可能处于主动，否则，就可能处于被动的地位。

③ 充分利用感情因素，建立个人关系，缓解谈判气氛等

采取口头陈述观点及立场比用书面陈述更能充分地利用感情因素。因为他们可以充分利用谈话的内容、语气、声调等方式及时把握时机，建立某种人际关系，从而使对方不好意思提出异议。

(2) 口头表达的劣势

① 容易受到对方的反击。

② 陈述时很容易失去问题的中心，且要叙述清楚一些复杂的问题往往不太容易。阐述复杂的统计数字与图表等相当困难。

③ 语言的不同，可能会产生误会。并且如果不能很好地控制个人情绪也往往容易出现冲动，从而有可能使谈判陷入僵局。

(3) 注意事项

使用口头陈述时，需要注意以下六点：

① 不要漫无边际地东拉西扯，而应明确所有要谈的内容，把握重点。

② 不要把精力只集中在一个问题上，而应把每一个问题都谈深、谈透，使双方都能明确各自的立场。

③ 不要忙于自己承担义务，而应为谈判留有充分的余地。

④ 不要只看眼前利益，要注意到目前的合同与其他合同的内容联系。

⑤ 不管心里怎么想，都要表现得镇定自若，不能激烈争执、指手画脚，如图 3－4 所示。

⑥ 随时注意纠正对方的某些概念性错误，不要只对本方不利时才去纠正。

图 3－4　指手画脚(图片来源：百度图片)

7. 开场陈述的方法

所谓开场陈述的方法，是指在陈述中应根据不同的情况灵活机动地采取相应的措施。主要包括以下措施：

1) 若开场陈述是由对方提出一份书面方案时

己方需要做到以下几点：

(1) 对每个问题都要认真查问，并引导对方尽量详细地说明方案中的内容及其细节，切忌不懂装懂。

(2) 务必要把问题的每个要点搞清楚，即使需要再三询问也在所不惜，并且切忌过早地表示同意或反对对方的陈述。

(3) 注意倾听，牢记对方陈述的要点。原则上，在对方陈述时不要构思己方的对策，也不要打断对方的话题，应创造条件使对方尽可能详尽地将其所有的立场、观点和想法无保留地陈述出来。

(4) 在明白和了解对方意图后，要及时明确地表示己方的看法，并找出彼此之间需求的差距。这里要注意的是：己方的开场陈述是独立进行的，不要受对方书面方案或口头陈述所影响。

(5) 要以谦虚诚恳的态度说话，切忌使用傲慢、无理及挑战性的语气说话；要坚持有理、有利、有节的原则，使开始阶段的谈判能在良好的气氛中进行。

(6) 若遇到对方有某些概念性错误或故意制造一些不良气氛时，应委婉地加以指出，并说明这样做，对双方均无益，切忌不闻不问过于迁就或激烈指责。同时，当对方被己方说服之后，要注意顾全对方的面子。

(7) 要有全局观念、不要固执于一点，整个谈判是一盘棋，要灵活运用“弃车保帅”的策略，以求全盘的优胜。

2) 若开场陈述是由己方提出一份书面方案时

需做到以下几点：

(1) 书面方案以己方在开始阶段必须陈述的内容为限，切忌无保留地暴露己方所有的立场、观点和意向。

(2) 在回答对方的提问前，尽量利用反问的方式，引导对方对己方所提出的反问发表意见，并且愈多愈好，然后综合对方的看法去回答对方的提问。

(3) 在回答对方的提问时，首先应该弄清对方提问的目的，然后根据己方的策略慎重回答。回答问题时应明白，在商谈中有些问题是不必要回答，有些问题只回答一半就已足够，在没有弄清对方的提问之前，针对问题的实质作正面回答，往往是愚蠢的回答。

3) 若双方均未提出书面方案，仅采取口头陈述时

需做到以下几点：

(1) 在陈述时，明确和牢记本阶段陈述的目的、任务和内容，按先确定的陈述方法和策略，使本阶段的陈述一直围绕着本阶段排任务和问题的中心进行，切忌顾此失彼，避重就轻。

(2) 尽量引导对方发表意向，并给予足够的时间让对方陈述其观点、立场后在弄清对方意图的基础上，有的放矢地发表己方的陈述。

(3) 掌握好本阶段的进度，要使谈判内容横向铺开，而不是纠缠某一个具体问题作纵向深入地洽谈。

小组演练

1. 提出讨论要求

(1) 指导老师对全班学生进行分组，6～8 人为一个组，选出组长，组长带领组员以组为单位进行情境演练。

(2) 组长以组为单位，带领组员以表 3－4 中的场景描述为背景进行讨论，各组为场景描述中的乙方代表。

(3) 结合场景描述，设想本组需要何种开局气氛，并编写出符合该气氛的开场陈述。

(4) 组长挑选一名组员作为代表进行开场陈述。

(5) 每组开场陈述完毕后，老师及同学们进行点评，老师完成学习评估表。

表 3－4　情境演练剧本

<table>
<tr><td colspan="4">
【场景描述】
长安福特将与美国福特公司进行一次商务谈判，内容是关于采购一批汽车部件。
谈判双方背景介绍：
1. 甲方：美国福特汽车公司
福特汽车公司建立于 1903 年 6 月 16 日，当时亨利·福特先生与 11 个加盟者成立了公司。公司成立时只有 10 个雇员，厂部设在底特律麦克大街上一家改造过的货车车间，其资产主要是一些工具、宏伟的蓝图、计划、专利和 12 位投资者的 28 000 美元的资金。福特汽车成立后，打造出了举世闻名的“T 型车”，首创了汽车大规模流水线生产模式，从此福特开始了走向世界的伟大历程。
现在福特汽车已是全球领先的汽车制造商，它的总部设在美国密执安州迪尔伯恩市。它是世界第一大卡车生产厂家，也是世界第二大汽车生产厂家。
2. 乙方：长安福特汽车公司
1995 年 10 月 25 日，福特汽车(中国)有限公司成立，这是美国福特汽车公司在中国设立的全资子公司。
2001 年 4 月 25 日，长安福特汽车有限公司成立(简称长安福特)，由中国最大汽车公司之一的长安汽车集团与福特汽车(中国)有限公司共同出资成立。长安福特采用了世界一流的产品生产、开发和测试设备，以及全球领先的技术、流程和系统。
凭借这些有实力的软硬件设施，长安福特为中国消费者提供了高质量的汽车产品。
3. 长安福特谈判优劣势
长安福特需要向美国福特公司采购一批关键的汽车零部件。
长安福特的优势：
(1) 长安福特是长安集团与美国福特汽车的全资子公司共同成立的一个公司。
(2) 长安福特已经建立起一个完善的销售和服务网络。授权经销商数量达到接近 500 家，遍及全国，长安福特汽车的销售对汽车部件的采购急剧加大。
(3) 为了削减成本，同时加强与供应商的合作关系，长安福特计划大幅增加其在美国福特公司的汽车零部件采购量。
长安福特的劣势：
(1) 美国福特汽车对其产品很是看重，严把质量关，所以短时间内无法大批量供货。
(2) 这些零部件世界上很少几家公司生产。
(3) 大众汽车、通用汽车等其他汽车公司也向美国福特公司采购零部件，将与长安福特展开竞争。
4. 长安福特谈判目标
(1) 最理想(最高期望)目标
与美国福特公司签订采购协议，享受采购中的质量、运输和售后服务，把价格确定在 3 500 万元。
(2) 可接受目标
与美国福特公司签订采购协议，享受采购中的质量和售后服务，运输费用各自承担一半的条件前提下，价格确定为 3 200 万元。
(3) 最基本(最低限度)目标
与美国福特公司签订采购协议，享受采购中的质量，运输及售后服务双方在协商条件下作为前提，价格确定为 2 800 万元
</td></tr>
<tr><td>组　长</td><td></td><td>开场陈述者</td><td></td></tr>
<tr><td colspan="4">1. 作为乙方谈判者，您想为本次谈判制造一个什么样的开局氛围?</td></tr>
<tr><td colspan="4">2. 为您想制造的开局氛围编写一个开场陈述。</td></tr>
</table>

2. 进行演练

3. 学习评估

指导老师根据各组员的个人表现及其所在小组的团体表现，对其讨论过程进行评估。评估标准如表3－5所示。

表3－5 学习评估表

评 估 内 容	满 分	得 分
1. 声音适量，字句清楚，语速适当，亲和力强	20	
2. 组员积极参与的程度及团队意识	20	
3. 开场陈述内容的完整性	20	
4. 开场陈述与开局氛围的匹配度	20	
5. 开场陈述的效果	20	

任务2　运用提问及回答技巧进行谈判摸底

学习目标

能够运用提问及回答技巧探测信息。

学习内容

1. 提问的技巧；
2. 回答的技巧。

知识准备

在商务谈判中，要想取得谈判的胜利，仅靠谈判前所收集的谈判信息是远远不够的。

在商务谈判中，如果对变化中的谈判信息不能及时捕捉和分析，己方就无法及时做出相应的对策，在继续深入的谈判进程中就会失去主动权。反之，若能在谈判中及时地探测和捕捉新的谈判信息，并做出正确的分析判断，适时调整谈判策略，就可根据情势需要，改变不利境况，将谈判导向成功。

在谈判摸底阶段，运用问、答等技巧来及时的探测和捕捉对方的信息。

1. 提问的技巧

我们先通过一个卖鸡蛋的故事来体会好的提问带来的优势，如图3-5所示。

图3-5　卖鸡蛋的故事

【故事】

一个老板在一条街的左右两边各有一家粥店甲和乙，两家的顾客相差不多，都是川流不息。可是到了晚上，老板结算的时候，乙店总是比甲店多出百十元来，天天如此。

于是，老板对两家店进行了观察后发现了不同。

甲店的服务小姐微笑着把客户迎进去，给客户盛好一碗粥，问道："您加不加鸡蛋？"客户说加。于是她给客户加了一个鸡蛋。每进来一个顾客，服务员都要问一句："加不加鸡蛋？"客户有说加的，也有说不加的，大概各占一半。

乙店的服务小姐同样微笑着把客户迎进去，给客户盛好一碗粥，问道："您是加一个鸡蛋，还是加两个？"客户说："加一个。"这时，老板笑了。之后再进来的顾客，服务员还是问一句："加一个鸡蛋，还是两个？"

就这样客户思考的范围被限定了，导致客户普遍回答要一个鸡蛋，爱吃鸡蛋的就要求加两个，很少会出现不加鸡蛋的情况。所以，这家店每天可以比甲店多卖很多个鸡蛋。

启示：简单的一个提问最后导致了利润的不同，可见提问的重要性。

1）提问的方式

（1）开放式发问

开放式发问指答案有多个的问句。例如：

"您对这个事情的看法是什么？"

"贵方目前的发展情况如何？"

"您对我们的产品有什么看法？"

通过开放式发问可以对己方想要了解的信息有初步掌控，这是对方比较容易接受的一种提问方式。

（2）封闭式发问

封闭式发问指在特定的领域中能带出特定的唯一答复（如"是"或"否"）的问句，答复这种问句的人并不需要太多的思索即能给予答复。例如：

"您第一次发现商品含有瑕疵是在什么时候？"

"贵公司订购的产品想要红色还是黄色？"

封闭式问句可令发问者获得特定的资料，但是这种问句有时会有相当程度的威胁性。

（3）澄清式发问

澄清式发问是针对对方的答复，重新提出问题，让对方进一步澄清或补充其原先答复的一种问句。例如：

"您刚才说对本次交易可以做取舍，这是不是说您拥有全权跟我们进行本次谈判？"

澄清式发问可以确保谈判各方在叙述"同一语言"的基础上进行沟通，而且还是针对对方的话语进行信息反馈的有效方法，是双方密切配合的理想方式。

（4）强调式发问

强调式发问旨在强调自己的观点和己方的立场。例如：

"这个协议不是要经过公证之后才生效吗？"

"我们怎能忘记上次双方愉快的合作呢？"

（5）探索式发问

探索式发问是针对对方答复，要求引申或举例说明，以便探索新问题及找出新方法的一种发问方式。例如：

"您说可以如期履约，有什么事实可以证明吗？"

"假设我们运用这种方案会怎样？"

探索式发问不但可以进一步发掘较为充分的信息，而且还可以显示发问者对对方答复的重视。

(6) 借助式发问

借助式发问是一种借助第三者的意见来影响或改变对方意见的发问方式。例如：

“某某先生对您方能否如期履约关注吗?”

“某某先生是怎么认为的呢?”

采取这种提问方式时，提出的第三者必须是对方所熟悉且是他们十分尊重的人，这时这种问句才会对对方产生较大的影响力；否则，运用一个对方不知晓且谈不上尊重的人作为第三者加以引用，很可能会引起对方的反感。因此，这种提问方式应当慎重使用。

还有一种情况与借助式发问有异曲同工之妙，就是一方发布一个假消息，看对方的反应而作出决定。

【案例分析】

1960年4月30日，一架美国飞机进入苏联领空进行侦察活动，被苏联的导弹击中坠毁，驾驶人鲍尔斯也被活捉。

美国发现飞机逾期未归，驾驶人也下落不明，便想通过一个假消息获得飞机失联的原因，并试探苏联的反应。

于是，由中央情报局起草了一份声明，声称有一架气象侦察机的驾驶人在土耳其上空用无线电报告说机上氧气出了麻烦，此后就失踪了。这份经艾森豪威尔总统批准的声明由国家航空与航天局发布。

苏联对此马上做出了反应，赫鲁晓夫在苏联最高苏维埃会议上宣布飞机已被苏联击落，并强烈谴责美国的侵略行径。

就这样，美国得知了自己飞机失去联系的真正原因。

(7) 强迫选择式发问

强迫选择式发问是在将己方的意见抛给对方，让对方在一个规定的范围内进行选择回答。例如：

“支付佣金是符合国际贸易惯例的，我们从法国供应商那里一般可以得到3%～5%的佣金，请贵方予以注意好吗?”

运用这种提问方式要特别慎重，一般应在本方已经充分掌握的主动权的情况下使用，否则很容易使谈判出现僵局，甚至破裂。需要注意的是，在使用强迫选择式发问时，要尽量做到语调柔和、措辞达意得体，以免给对方留下强加于人的不良印象。

(8) 证明式发问

证明式发问旨在通过己方的提问，使对方对问题做出证明或理解。例如：

“为什么要更改原已定好的计划呢，请说明道理好吗?”

“假如我方坚持这个立场，贵方将会提供什么样的方案?”

(9) 多层次式发问

多层次式发问是含有多种主题的问句，即一个问句中包含有多种内容。例如：

“你是否就该协议产生的背景、履约情况、违约的责任以及贵方的看法和态度作出说明?”

这类问句因含过多的主题而使对方难于周全把握。

(10) 诱导式发问

诱导式发问旨在开渠引水，对对方的答案给予强烈的暗示，使对方的回答符合己方预期的目的。例如：

“谈到现在，我看给我方的折扣基本可以定为4%，而贵方完全有能力办到，这样我们的生意就成交了，您说是吗?”

这类提问几乎使对方毫无选择余地的按发问者所设计好的答案回答。

(11) 协商式发问

协商式发问是指为使对方同意自己的观点，采用商量的口吻向对方发问。例如：

“您看给我方的折扣定为3%是否妥当?”

这种提问要语气平和，使对方容易接受。

2) 提问的要诀

(1) 要预先准备好问题；

(2) 避免提出可能会阻碍对方让步的问题；

(3) 不强行追问；

(4) 既不要以法官的态度来询问对方，也不要接连不断地提问题；

(5) 提出问题后应闭口不言，专心致志地等待对方作出回答；

(6) 要以诚恳的态度来提问；

(7) 提出问题的句子应尽量简短。

以上几点技巧，是基于谈判者之间的诚意与合作程度提出的，切忌将这些变成谈判者之间为了自己的利益而进行必要竞争的教条。

3) 提问的注意事项

(1) 在谈判中不涉及带有敌意的问题、对方的个人生活及工作的问题、直接指责对方品质及信誉的问题等。

(2) 提问时语速要适中，提问语速过快，会导致对方听不清楚而引起的反感情绪；语速过慢，容易使对方感到沉闷，从而降低了提问的效果。

(3) 商务谈判中，要随时留意对方的心境，因为谈判者受情绪的影响也在所难免，所以要在适当的时候提出相应的问题。例如，当对方心境好时，会比较愿意回答问题，且会变得比较随和，也许会在不经意间透露出一些相关的信息，此时应该抓住提问的机会，通常会有较好的收获。

2. 回答的技巧

有问必有答，问有艺术，答也有技巧。问得不当，不利于谈判；答得不好，同样也会使己方陷入被动。

(1) 不要彻底回答指答话人将问话的范围缩小，或只回答问题的某一部分。有时对方问话，全部回答不利于我方。例如：

对方问：“贵方对这个方案怎么看，同意吗?”这时，如果马上回答同意，时机尚未成熟。你可以说：“我们正在考虑、推敲……”

(2) 对于一些问话，不一定要马上回答，特别是对一些可能会暴露我方意图、目的的话题，更要慎重。例如：

对方问：“贵方准备开价多少?”

如果时机还不成熟，就不要马上回答，可以找一些其他借口谈别的，或是闪烁其词，所答非所问，等时机成熟再摊牌。

回答："价格的多少和很多因素有关，我想请问一下贵方产品质量如何？什么时候能交货呢？"

（3）不要确切回答，模棱两可、弹性较大的回答有时很必要。回答问题的要诀在于知道该说什么和不该说什么，而不必考虑所答的是否对题。例如：

对方问："贵方打算购买多少？"如果你先说出数量不利于讲价。

那么就可以说："这要根据情况而定，看优惠条件是多少？"这类回答通常采用比较的语气，"据我所知……"，"那要看……而定"，"至于……就看您怎么看了。"

（4）使问话者失去追问的兴趣，在许多场合下，提问者会采取连珠炮的形式提问，这对回答者很不利。特别是当对方有准备时，会诱使答话者落入其圈套。因此，要尽量使问话者找不到继续追问的话题和借口。比较好的方法是在回答时，可以说明许多客观理由，但却避开自己的原因。例如：

"我们交货延期，是由于目前运输管理条例的限定……，在许可证办理方面……。"此外，当对方的问题不能予以清晰、有条理的回答时，可以降低问题的意义，如"我们考虑过，情况没有想得那样严重。"

小组演练

1. 提出演练要求

（1）指导老师对全班学生进行分组，6～8 人一个组，选出组长，组长带领组员以组为单位进行情境演练。

（2）组长带领组员，完成表 3 - 6 中的游戏及演练。

（3）活动结束后，老师完成学习评估表。

表 3 - 6　活动表

1. 游戏 游戏名称：我是谁？ 游戏规则： （1）每组选出 1 名代表参加"我是谁"游戏； （2）全班同学都在心里想一个人物（比如姚明等），并将该人物写在书上； （3）第一组代表上台后，在全班中挑选一名同学配合完成游戏（本组成员除外）；被挑选的这名同学只能回答"是"或"否"，直到该代表猜出，代表也可放弃。 （4）被挑选同学最后亮出自己心中的人物。 例如：我是代表上台挑选了一位同学共同参与游戏，接着我开始提问。 "我是外国人吗？"　　"不是" "我是女的吗？"　　"不是" "我有名吗？"　　"是" "我是歌星吗？"　　"不是" "我是运动员吗？"　　"是" ……

（续表）

您心中的人物	
2. 演练 (1) 组长带领组员讨论编写一个客户背景，并挑选一名组员扮演该客户； (2) 其他组派出一名代表扮演销售顾问（每组分别有一次客户及销售顾问的扮演机会）； (3) 两人进行交谈，销售顾问通过提问技巧掌握该客户个人信息或需求； (4) 客户也可适当加大难度，运用回答的技巧应对其他组的提问； (5) 同学们发挥想象力，演练中注意积极的肢体语言的运用。 **【参考案例】** 客户背景：陈先生，45岁，医生，有一个女儿，购车预算在20万元左右，想按揭（但又不想销售顾问知道自己不能一次性），1个月内买车，车辆做上下班代步用等情况。	
编写客户背景	
针对其他组的客户背景的提问	

2. 进行演练

3. 学习评估

指导老师根据各组员的个人表现及其所在小组的团体表现，对其讨论过程进行评估。评估标准如表3-7所示。

表3-7 学习评估表

评估内容	满分	得分
1. 声音适量，字句清楚，语速适当，亲和力强	10	
2. 组员积极参与程度及团队意识	15	
3. 提问的技巧	20	
4. 回答的技巧	20	
5. 游戏“我是谁”中成功猜出谜底	10	
6. 演练中运用积极的肢体语言	15	
7. 表演效果	10	

任务3　运用谈判摸底策略

学习目标

能够运用谈判摸底策略。

学习内容

谈判摸底策略。

知识准备

谈判的摸底策略除了有正式谈判前的市场调查分析和谈判桌前的各种心理较量，还包括需要谈判人员具有机敏的思维和灵活多变的运用策略方能获得谈判的主动。

1. 谈判摸底的策略

1）坦诚交换式摸底

坦诚交换式摸底是指直接坦诚表达己方合作意图，并期望对方的合作。例如：

“我方很愿意与贵方合作，我方还可以为贵方提供××等售后服务，这些服务对贵方是很有用的，您觉得呢？”

这些坦诚交换式的沟通，属于开放式的询问，友好地表达己方情义，向对方传达善意的主动。

2）发问式摸底

谈判伊始，人们往往会对自己的情况藏而不露，不轻易亮出底牌。恰如聪明的拳击手上场比赛，一般不会主动出击，而是在对方的攻势中寻找对方的破绽或者软肋，再后发制人。老练的谈判高手往往不急于在谈判中先表态，特别是在数目、期限、条件和价格诸多问题上，故意让对方一下。这样做的目的，一是出于礼貌，显示对对方的尊重；二是有意要在对方的语言中窥视对手的心理活动，分析其谈判策略并调整自己的谈判思维和调节自己的谈判计划。例如：

问：“我们听说贵公司的生意不错，库存的三分之二已经销往美国了？”

答：“什么啊，只是有一些到了法国而已。”

3）迂回式摸底

谈判人员根据对手的不同个性及不同心理，有时会采取一定的战术性迂回摸底方法借以打探对方的谈判底线，以便采取相应的对策。例如：

一个美国代表被派往日本谈判，日方在接机后，以给美国代表安排住宿及接送车辆为借口，询问其回国时间，美国代表心里感激日方的周到照顾，便把自己两星期后返回的消息告知日方。

4）投石问路法

这是一个假设策略，对方通常用出其不意的假设问题令人措手不及，想拒绝都不容易。聪明的谈判者应该把“石头”变成一个很好的机会，做到顺藤摸瓜，一箭双雕。例如：

“假如我方加大一倍的订货量呢?”

“假如我方延长与贵方的合同期限呢?”

“假如我方采用一次性付款，贵方在价格上还能提供什么优惠呢?”

对于使用这类策略的应对方式有以下三种：

(1) 永远不要对“假如”的询问马上回答。

(2) 如果对方投出一个“石头”，最好立即要求对方订货作为条件，把这个“石头”抛回去。

(3) 还可以通过与对方有关人员的交往，探出对方真正意图、收集信息资料。

5) 虚张声势法

对方不露底牌和期望值，含糊其辞。例如：

“很多公司我们都咨询过了，价格比贵方低多了，而且他们很有诚意，贵方价格不低一点的话，我们只好找其他公司做了。”

对于使用这类策略的应对时要注意不要正面拆穿他们的意图，也不要否定其词。可以采用下列话术：“当然，一定需要货比三家，我们也希望贵方提出合理的价格取得满意的结果，以我们公司的服务质量，我们给出的价格绝对是最优惠的了。”

6) 浑水摸鱼

浑水摸鱼就是“搅和”策略，是把众多的议题搅在一起，扰乱对方的思路，让对方精疲力竭，把问题复杂化，借对方精神不佳之际，以达到自己的目的。

对于使用这类策略的应对方式有以下二种：

(1) 不要讨论其他题外话或者打击的话，尽量把议题放回主题上。

(2) 坚持对打击自己的话题说“我不理解”，尽量等“水清时再谈”，指的是等到对方的意图慢慢显现出来后再谈。

7) 故意出错法

有意通过犯一些错误，如念错字、用错词、把价格报错、把交货时间弄错等种种出错的方法，诱导对方表态，然后再借题发挥，最后达到目的。

2. 谈判摸底阶段的注意事项

“螳螂捕蝉，黄雀在后”，当谈判者在探测、收集对方谈判信息的同时，对方往往也在想方设法地探寻着你方的信息。因此，切不可忽略自己随时都有被刺探的可能性。防范对方的窥测，需要注意以下几个环节：

(1) 搞好自我保密。

(2) 合理应对对方的提问。

当遇到对方提出的问题，本方不愿意正面回答或回答有涉及本方机密问题时，可以采取转移话题、偷换概念、假装不知、避实就虚、混淆视听等手法进行应对。

(3) 防止落入场外陷阱。

有些谈判组织者精心设计或安排一系列场外活动，如欢迎宴会、欢送宴会、参观、游览、娱乐、礼节性拜访等，希望通过这些热情的场外活动使对方放松警惕，不经意地泄露出“天机”。

【案例分析】

日本一家企业想购买英国某汽车公司的技术专利，但谈来谈去，英方就是不卖。

日本人只好宣布作罢。没过多久，在英国这家公司的附近出现了一个新开的小餐馆，物美价廉，服务良好，该公司的许多员工都纷纷前往就餐。

过了不久，英国人不肯出让技术产品就在日本问世了，这家餐馆也随之歇业。此时，英国人才意识到二者之间的联系。原来，英国这家公司的员工在就餐时，同事之间谈论涉及业务的话题都被餐馆的"服务人员"一点一点地收集了，最终成为一份完整的技术资料。英国人在谈判桌上费了好大劲想守住的东西，却在不知不觉中被场外的日本人搜集到手了。

小组演练

1. 提出演练要求

(1) 指导老师对全班学生进行分组，6～8 人为一个组，选出组长，组长带领组员以组为单位进行情境演练。

(2) 组长以组为单位，带领组员按表 3－8 情境演练剧本中的内容进行场景演练。

(3) 组长带领组员根据剧本中的内容，讨论后完成表 3－9 中的选择题。

(4) 组长带领组员根据剧本内容进行演练，演练后挑选两名组员进行上台表演。同学们可以发挥想象力，在表演中运用积极的肢体语言，使表演更具观赏性，也可以根据需要，添加其他角色配合表演。

(5) 每组一次上台表演结束后，老师点评并完成学习评估表。

表 3－8 情境演练剧本

<table>
<tr><th colspan="4">情境演练剧本</th></tr>
<tr><td colspan="4">【场景描述】
客户张先生来到大众 4S 店，为其新购的"宝来"做第一次保养。
张先生在星期六的上午 10:30 来到 4S 店，这时客户已经很多了，服务顾问都在忙着接待客户，工作人员指引张先生在停车区停车后，示意张先生排队等待。
可是张先生一等就是 30 分钟，期间也看到一个客户没有等待，服务顾问就直接接待了他，这时张先生心里很生气来到客户接待区，表达了强烈的不满情绪</td></tr>
<tr><td>服务顾问扮演者</td><td></td><td>顾客扮演者</td><td></td></tr>
<tr><td colspan="4">编 写 剧 本</td></tr>
<tr><td colspan="4">客　　户："你们到底怎么回事？我做个新车保养，已经等了快一个小时了，还没有轮到我，你们到底做不做生意啊？"
服务顾问："张先生，别生气，别生气，很抱歉让您久等了，耽误了您宝贵的时间。您前面还有一位客户，我们正在接待他，下一个就可以接待您了。"
客　　户："我不发火，还是轮不到我吧？你们不想做生意早说，我也不在这里等了，现在到处都是店，哪里不能保养啊，真是的。"
服务顾问："张先生，您消消气，您看这么好的一个周末，可不能影响您的情绪啊。张先生，我陪您到客户休息区，您再休息会，一会就轮到您的爱车进行保养了，张先生，这边请，这边请。"
服务顾问引导客户至休息区，并主动引起客户的话题。
服务顾问："张先生，我刚查询您的车辆信息，发现您是第一次来店保养，是吗？"
客　　户："是啊，上过第一次当，我以后不会再来了。"</td></tr>
</table>

(续表)

编写剧本
服务顾问:"唉哟,张先生,您别这么说,你还没体验我们的服务呢,我们会努力为您服务,您这么好的客户,我们也不会让您跑了的,开个玩笑,您别介意啊。张先生,您第一次来我们售后服务部体验服务,我先为您介绍一下客户休息区。" 客　　户:"不用介绍了,刚刚那个服务小妹已经说过了。" 服务顾问:"哦,那客服人员肯定没告诉您一些小窍门,不然您也不会那么生气了。" 客　　户:"什么小窍门?" 服务顾问:"张先生,其实我们的客户休息区除了提供随时更新的书刊杂志、各种茶水饮料、电脑上网和其他娱乐设施外,您还可以通过互动显示屏及全透明玻璃看到您的爱车在车间的情况,您看啊,车间的工位都是满的,我们不是故意不接待您,请您理解。您有否注意到刚刚有个客户,没有等待。" 客　　户:"我看到啦,所以我很生气啊,我等那么久,那个人肯定是关系户吧?" 服务顾问:"张先生,您的观察能力很强啊,我就是要给您说这个小窍门呢,您以后来店的前一天,拨打我们的预约电话××进行预约,这样您也能像那位客户一样,不用等待,直接专享绿色专用通道和工位,这样就能节省您宝贵的时间了啊。" 客　　户:"那早说啊。" 服务顾问:"是的,张先生,这是我们工作的失职,请您谅解,下次保养您就可以体验一下预约服务了,您看说了这么一会就已经轮到您了,我们一起去接待区吧,张先生,这边请。" 服务顾问指引客户一起走向接待区

表3-9　选择题

题　　目	选　　项
剧本中,服务顾问对于客户的张先生"虚张声势"般的抱怨,运用了哪些策略?(多选)……………………(　　)	A. 坦诚式摸底策略 B. 发问式摸底策略 C. 迂回式摸底策略 D. 投石问路式摸底策略 E. 故意出错式摸底策略

2. 进行演练

3. 学习评估

指导老师根据各组员的个人表现及其所在小组的团体表现,对其讨论过程进行评估。评估标准如表3-10所示。

表3-10　学习评估表

评 估 内 容	满　分	得　分
1. 声音适量,字句清楚,语速适当,亲和力强	20	
2. 组员积极参与程度及团队意识	20	
3. 选择题回答的准确性	20	
4. 运用积极的肢体语言	20	
5. 表演效果	20	

学习情境 4　价格谈判

学习目标

1. 能够制定报价策略；
2. 能够制定讨价还价策略；
3. 能够进行价格谈判。

情境导入

在美国著名的汽车销售代表汉森的身上发生过一件买菜的故事。

在销售汽车前，汉森是一名数学老师，有一次，他的妻子病了，他得自己去超市买菜。

在他去超市的路上，看到一个卖蔬菜的菜农，汉森走过去，问菜农马铃薯一磅多少钱，菜农说："还是老价钱，一美金一磅。"于是汉森买了 20 磅回家，回家后一问妻子才知道，自己买的马铃薯比超市贵得多。

在汉森从事汽车销售工作后，回想起这件事时他自己说道："那时，我觉得老价钱就是价格低！现在想来其实二者没有什么关系，但当时自己与菜农成交的时候，一点也不觉得贵，而我现在也会这样告诉我的购车客户。"

菜农运用了独特的报价策略让著名的汽车销售代表不知不觉中高价买了马铃薯。那在商务谈判中，还有其他的报价策略吗？

任务1　制定报价策略

学习目标

能够制定报价策略。

学习内容

1. 谈判双方的价格心理；
2. 价格商谈的原则；
3. 报价的定义；
4. 报价的原则；
5. 报价的顺序及方式；
6. 影响价格的因素；
7. 报价的策略。

知识准备

价格虽然不是谈判的全部，但毫无疑问，有关价格的谈判是商务谈判过程中重要的组成部分。在任何一次商务谈判中价格的协商通常会占据70%以上的时间，很多没有结局的谈判也是因为双方价格上的分歧而最终导致不欢而散。

1. 谈判双方的价格心理

商务谈判中，谈判双方对价格的心理诉求不同，买方永远希望价格越低越好，这样自己能花少的钱买到好的商品；而卖方永远希望价格越高越好，这样能保证自己的利润，并能赚钱，如图4-1所示。

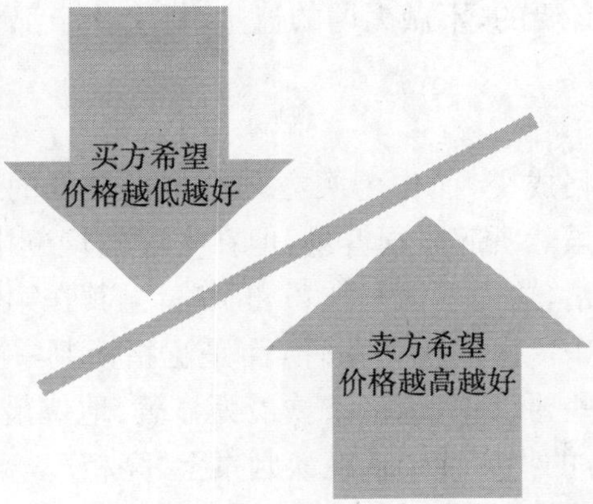

图4-1　谈判双方价格心理

那什么是价格高，什么是价格低呢？

一瓶矿泉水，售价100元人民币，你觉得是便宜还是贵呢？

如果你在沙漠中，又累又渴，而你已经没有饮用水了。这时突然出现一瓶水，只要喝了它就有力气走出这片沙漠，这瓶能救你生命的水售价100元人民币，你还觉得贵吗？

所以，价格高还是低，这是由价格与价值之间的关系所决定的，如图4-2所示。

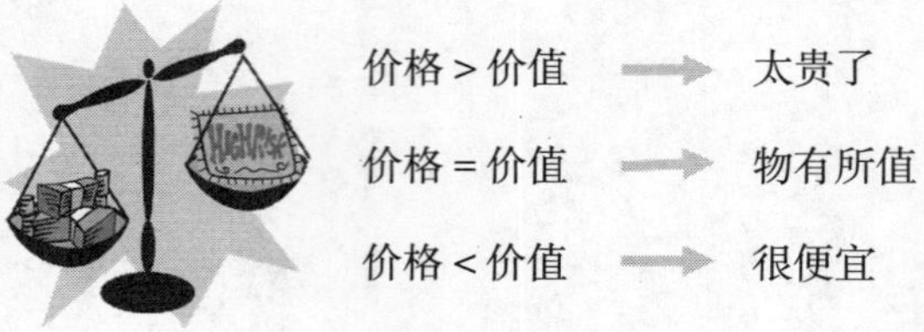

图4-2　价格与价值的关系

买方根据商品给他带来的好处或利益(这就是商品的价值)，决定自己购买商品的心理价位，当实际购买价格高于心理价位时，买方会觉得太贵；反之，则会觉得很便宜。所以，判定商品的价格高或低的标准在于买方。在进行价格谈判时，卖方需要时刻提醒买方自己的产品给他们带来的价值。

作为商务谈判中的卖方也要对自己的商品有信心，因为买方在购买商品时，不管他有多喜欢这件商品，永远都会以“太贵了”作为理由进行价格商谈，如图4-3所示。

图4-3　价格商谈

2. 价格商谈的原则

(1) 准确把握价格商谈的时机；

(2) 价格商谈的目标是谈判双方取得双赢；

(3) 同等级的让步是没有必要的，不做无谓的让步，每次让步都要让对方感激。

3. 报价的定义

作为卖方希望以较高的价格成交，而作为买方则期望以较低的价格合作，这是一个普遍规律，它存在于任何领域的谈判中。虽然听起来很容易，但在实际的谈判中做到双方都满意，最终达到双赢的局面却是一件不简单的事情，这需要谈判技巧和胆略，尤其在第一次报价时尤为关键。

报价并不仅指双方在谈判中提出的价格条件，而是泛指谈判一方主动或根据另一方要求向对方提出的所有要求。在所有这些要求中，价格条款最为显著、地位最为重要。报价标志着商务谈判进入实质性阶段，也标志着双方的物质性要求在谈判桌上“亮相”。

谈判报价的内容不仅包含价格，根据谈判者的实际情况还可以含括品质、规格、数量、包装、运输方式、支付方式、索赔要求等。

4. 报价的原则

1) 对卖方来讲，报价起点要高；对买方来讲，报价起点要低从对策论的角度看，谈判双方在提出各自的利益要求时，一般都含有策略性虚报的部分。

从心理学的角度看，谈判者都有一种要求得到比预期还要多的心理倾向。

所以，对卖方来说，报价必须是“最高的”；相反，对买方来说，开盘价必须是“最低的”，这是报价的首要原则。

作为卖方，报价高能为以后在讨价还价留下充分的回旋余地，使自己在谈判中更富有弹性；而作为买方，报价高的产品也会让其有“一分钱一分货”的感觉。

2）报价应合情合理

报价要报的高一些，但绝不是漫天要价。报价高的同时必须合乎情理，能够讲得通，如果报价过高，又无事实依据，对方会认为缺少诚意，从而终止谈判。

3）报价的表达应该坚定、明确、完整，不加解释和说明

报价应该明确、清晰而完整，以便对方能够准确地了解我方的期望。报价时不要对本方所报价格做过多的解释、说明和辩解，因为对方不管我方报价水分多少都会提出质疑。如在对方还没有提出问题之前，便主动加以说明，会提醒对方意识到我方最关心的问题，而这种问题对方尚未考虑过。因此，过多的说明和解释，会使对方从中找出破绽或突破口，猛烈地反击，甚至会使我方无法收场。

5. 报价的顺序及方式

报价顺序即谈判双方谁先报价，这是一个先发制人的策略选择，报价的先后顺序在某种程度上对谈判结果会产生一定的影响。因此，这个问题需要引起每一个谈判者的重视。报价顺序的利弊，如表4-1所示。

表4-1　报价顺序的利弊

报价顺利	利	弊
先报价	为价格定下框子	显示出你的报价与对方的差距，成为对方攻击的重点
后报价	利用对方的报价修改已有的方案	容易进入对方的框子

在商务谈判中，按照惯例，谈判发起者、投标者、卖方先报价。

1）报价顺序注意事项

(1) 如自身实力强于对方，或者在谈判中处于主动地位，己方先报价为宜(尤其是对方对本行业不熟悉时)；反之可考虑后报价，以观察对方并适当调整自己的实际期望目标。

(2) 在冲突程度高的谈判场合，“先下手为强”；在合作程度高的场合，谁先出价则无所谓。

(3) 如对手是谈判高手，则让对方先报价，避免让对方剥茧抽丝。

2）报价的方式

在商务谈判中，有两种比较典型的报价方式，即欧式报价和日式报价。

(1) 欧式报价

欧式报价战术与前面所讲的报价原则是一致的。其模式就是报价方首先提出较高的报价，然后根据买卖双方的实力对比各状况后，通过给予各种优惠，逐步达到成交目的。简单的形容就是“高出手，向下走”，如图4-4所示。

这种报价方式是以规则为导向的。实践证明，这种报价方式只要能够稳住买方，往往会有一个不错的结果。

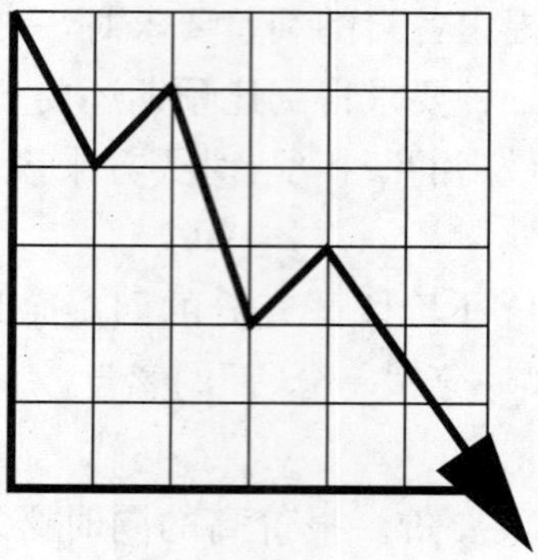

图 4-4　欧式报价

(2) 日式报价

报价方报出最低的价格，以引起另一方的兴趣，但这类报价包含的内容往往无法满足买方的需求，如买方需要改变条件或者要求增加项目，则卖方就会相应提高价格。简单的形容就是“低出手，向上走”，如图 4-5 所示。

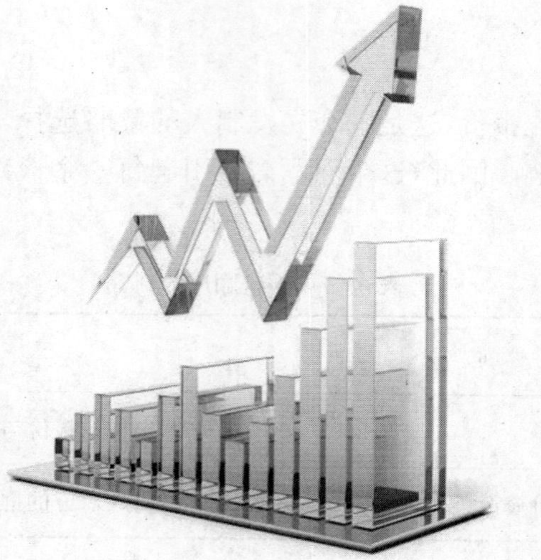

图 4-5　日式报价

日式报价在面对众多外部对手时，是一种比较艺术和策略的报价方式。一方面排斥竞争对手而把买方吸引过来；另一方面，当其他竞争对手撤退后，再慢慢抬高自己的价格。这种报价方式更具有竞争力，但不适合买方心理，因为一般人只习惯于价格由高到低。

6. 影响价格的因素

商务谈判涉及的交易对象不同，其价格的影响因素也有差别。

商品价格的决定因素与服务价格的决定因素有区别。影响商品价格的主要因素有以下几个方面。

1) 成本因素

成本是影响报价的最基本因素，商品的报价是指在成本的基础上加上合理的利润。当商品的报价一定时，成本的高低直接影响着经营成果，成本越低，盈利越多；成本越高，盈利越少；低于成本的报价会导致经营的亏损。

当商品的成本一定时，降低报价是增强商品的竞争能力，占领市场，战胜竞争对手的行之有效的方法。因此，在决定商品的报价时，不仅要考虑现在的成本和将来的成本，以及降低成本的可能性，而且还要考虑竞争对手的成本。要依据有关资料，恰当地报出商品的价格。一般情况下，成本是成交价格的最低界限。成交价低于成本，供应商不仅无利可图，而且会亏损。

汽车是一件复杂程度很高的商品，它的成本构成，如图4-6所示。

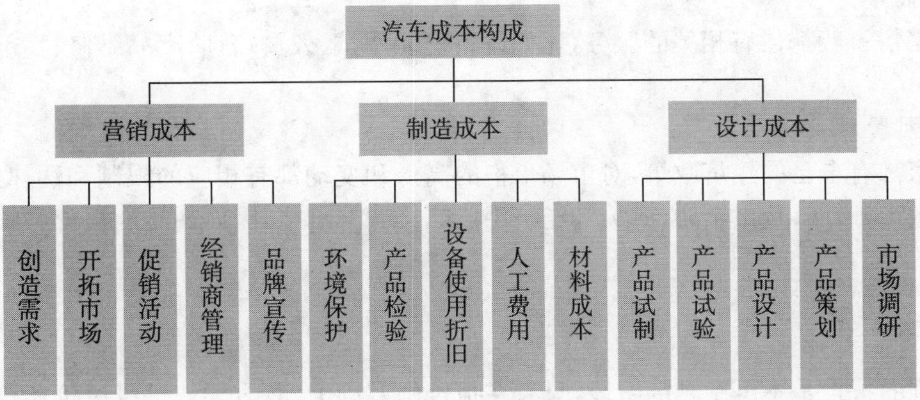

图4-6　汽车的成本构成

2）供求关系

在市场经济条件下，价格是由供求关系决定的。市场供给是指市场上商品的供应量。市场需求是指消费者有支付能力的需求。市场上商品的供求基本保持平衡，该商品的价格会趋于稳定。如供过于求，其价格就会下降；如供不应求，其价格则会上升。

3）品质因素

品质是指商品的内在质量和外观形式。它是由商品自然属性决定的，包括品种、质量、规格、花色、等级、式样等特性，商品的不同特性具有不同的使用价值或用途，可以满足消费者不同的需要。商品的品质是消费者最关心的问题，也是交谈双方必须洽商的问题。因此，商品的报价必须考虑商品的品质，要按质报价。

反映在汽车产品上，同一车型的不同配置，价格就会有区别，如图4-7所示。

图4-7　同一车型不同配置

4）市场竞争环境

竞争激烈程度不同，对报价的影响也不同。竞争越剧烈，对报价影响也就越大。由于竞争影响报价，因此要做好报价，除了考虑商品成本、市场需求及品质外，还必须注重竞争对手的价格，特别是竞争对手的报价策略以及新的竞争对手对市场的加入。

5）相关服务

商品的销售一般都伴有相关的服务，比如设备安装调试、人员培训、产品维修、零部件供应及技术咨询等等。

6）政策因素

每个国家都有自己的经济政策，对市场价格的高低和变动都有相应的限制和法律规定。同时，国家还利用生产、市场、货币金融、海关等经济手段间接调节价格，因而商品的报价必须遵守国家政策要求。

7. 报价的策略

交易谈判的报价是不可逾越的阶段，只有在报价的基础上，双方才能进行讨价还价。报价之所以重要，就是因为报价对讨价还价乃至整个谈判结果都会产生实质性影响。

在商务谈判中，常用的报价策略有以下九种：

1）报价时机策略

挑选最佳的报价时机，一般在买方充分认识到产品的使用价值并发生兴趣后，向您询问价格时，这时报价是最理想的时机。

2）用让人习以为常的词语来形容价格，而不是理性、呆板的数字，这样的报价方式，对方接受度较高。就如情境导入中的菜农，他运用“仍是老价格”来进行报价，让汉森以为价格稳定，自己买了也不会亏。

3）除法报价策略

这是一种价格分解术，以商品的数量或使用时间等概念为除数，以商品价格为被除数，得出一种数额很小的价格，使买主对本来高的价格产生一种便宜、低廉的感觉，例如如图 4－8 所示，茶叶每斤 280 元报成 28 元/两。

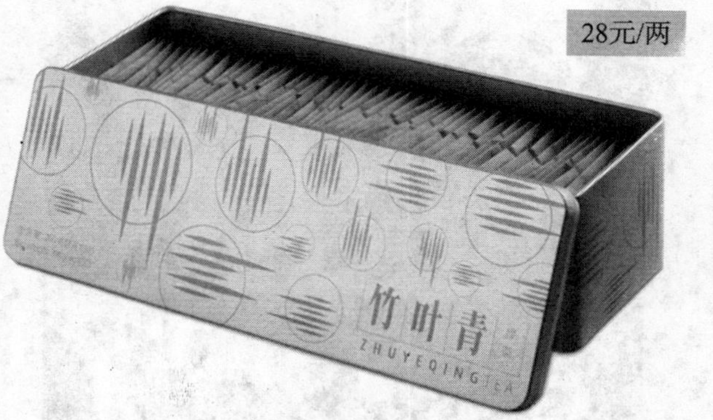

图 4－8　除法报价策略

4）加法报价策略

加法报价策略是指在商务谈判中，有时怕高价吓跑客户，就把价格分解成若干层次逐渐提出，使若干次的报价最后加起来等于当初想一次性报出的价格。

5）差别报价策略

差别报价策略是指商务谈判中针对客户性质、购买数量、交易时间、支付方式等方面的不同，采取不同的报价策略。这体现了商品交易中的市场需求导向，在报价策略中的应用并且重视。

6）对比报价策略

对比报价策略是指提出己方商品价格时，可联系另一种可比较商品进行比较，或者在相同使用价值的前提下比较价格，或者在相同价格的前提下比较使用价值。

价格谈判中，使用对比策略，往往可以增强报价的可信度和说服力，一般有很好的效果。将商品价格与另一可比商品的价格进行对比，突出其使用价值。

7）心理价格策略

人们在心理上一般都认为 9.9 元比 10 元便宜很多，这种在十进位以下的，而在心理上被人认为较小的价格称为心理价格，如图 4－9 所示。

图 4－9　迈腾价格图

8）避免忌讳数字报价

数字 4、13(国外)、38、250 等都是人们比较忌讳的数字，在报价时应避免这种情况的出现。

在汽车销售过程中，人们更喜欢 6、8、6600、8800 作为尾数的成交价格，因为大家认为这样的数字吉祥，如图 4－10 所示。

图 4－10　福克斯新春版报价图

9）针对电话客户询价的处理原则

现代社会，人们生活节奏紧凑，通讯越来越便捷，所以人们会通过电话或网络等形式进行询价后再行动，这种情况在车辆销售环节很普遍，如图 4－11 所示。

电话或网络中，我们无法判断顾客价格商谈的诚意，一再地表示立即购买，即使我们满足了客户的要求，也无法在电话或网络中签单收款。同样，如果我们态度坚决的回绝了客户的要求，那连下次商谈的机会都没有了。

图 4－11　电话询价

处理原则：

(1) 对于来电或网络客户，需要详细地了解其个人信息(姓名、电话、购买商品、数量、交货日期、客户了解到的市场价格等)。

(2) 电话或网络中向客户只报价，不让价，也不与客户进行价格商谈。

(3) 不答应，也不拒绝客户的要求，对客户的要求进行详细的笔记。

(4) 对于来电或网络顾客，我们的目标是“见面”。

小组演练

1. 提出讨论要求

(1) 指导老师对全班学生进行分组，6～8 人为一个组，选出组长，组长带领组员以组为单位进行情境演练。

(2) 组长以组为单位，带领组员完成表 4－2 中的选择题，并以表中场景描述为背景，编写剧本并演练，角色扮演人员由小组内部自定。

(3) 组长选出两名代表上台表演，表演中注意运用积极的肢体语言。

(4) 表演结束后，老师完成学习评估表。

表 4－2　情境演练剧本

情境演练剧本
1. 完成下列选择题： (1) 一位销售员向一位画家销售一套笔墨纸砚，不过他先向画家报了笔价，要价很低；成交之后再谈墨价，要价也不高；待笔墨卖出之后，接着谈纸价和砚价，这时这位销售员抬高了价格。画家已经买好了笔和墨，自然想配整套，不忍放弃纸和砚。这样，销售员获得的利润一点也没有减少。 这个案例中，销售顾问用的报价方式是 ……………………………………………（　　） A. 欧式报价　　　　B. 日式报价 (2) 销售顾问：“您真有眼光，您看中的可是这个月最新推出的款式，是目前欧美最流行的车型，价格可不便宜，挺贵的！” 客　　户：“那到底是多少钱呀？” 销售顾问：“哦，这么说吧，按排量计算是 60 元/毫升。” 客　　户：“那这车的排量是多少毫升？” 销售顾问：“这款车的排量是 1.6 升，油耗相对较低，总价为 9 万元多吧。” 这个案例中，销售顾问用的报价策略是 ……………………………………………（　　） A. 加法报价策略　　B. 差别报价策略　　C. 心理价格策略　　D. 对比报价策略

<table>
<tr><td colspan="4">2 演练
【场景描述】
客户张先生看中了一汽大众迈腾 1.4T 豪华型车型，这款车官方报价 219 800 元，张先生致电当地经销商询问底价。你是销售顾问正好在前台接到了客户张先生的电话。
请根据场景，编写剧本，并演练。
提示：参考教材中“针对电话客户询价的处理原则”知识点</td></tr>
<tr><td>销售顾问</td><td></td><td>客户</td><td></td></tr>
<tr><td colspan="4">剧本编写</td></tr>
<tr><td colspan="4"></td></tr>
</table>

2. 进行演练

3. 学习评估

指导老师根据各组员的个人表现及其所在小组的团体表现，对其讨论过程进行评估。评估标准如表 4-3 所示。

表 4-3　学习评估表

评估内容	满分	得分
1. 声音适量，字句清楚，语速适当，亲和力强	10	
2. 组员积极参与的程度及团队意识	20	
3. 选择题的准确性	20	
4. 电话询价处理原则的掌握程度	30	
5. 表演效果及运用积极的肢体语言	20	

任务 2　制定讨价还价策略

学习目标

1. 能够制定讨价还价策略；
2. 能够进行价格谈判。

学习内容

1. 讨价概述；
2. 还价概述；
3. 让价概述；
4. 讨价还价的策略。

知识准备

商务谈判过程中，讨价还价即议价。在一般情况下，当谈判一方报价之后，另一方不会无条件地接受这一报价，而是要求报价方提供更优惠的价格，报价方则会要求对方就报价提出自己一方的价格条件，谈判双方于是展开讨价还价。

1. 讨价概述

讨价，是在一方报价之后，另一方认为其报价离己方的期望目标太远，而要求报价一方重新报价或改善报价的行为。

1）讨价的形式

讨价可以分为笼统讨价和个体讨价。

笼统讨价即从总体价格上要求改善报价，常在第一次讨价使用。

个体讨价是就分项要求改善要价，常用于对方第一次改善报价后的讨价或不宜采用笼统讨价方式的场合。在对方已经对报价作了一次改善后，继续向其提出笼统讨价要求。

2）讨价的方法

(1) 举证法

举证法是为了增加讨价的力度，使对方难以抗拒，谈判者以事实为据，要求对方改善报价，如图 4 - 12 所示。

图 4 - 12　举证法

（2）求疵法

求疵法是根据对方报价条款的缺漏、差错、失误而展开的。

（3）假设法

假设法以假设更优惠条件的口吻来向对方讨价，如以更大数量的购买、更优惠的付款条件、更长期的合作等优惠条件来向对方再次讨价。

（4）多次法

多次讨价是冲着对方策略性虚拟价格的水分、虚头来的，它是卖方向买方要求加价，买方要求卖方降价的一种表示。

2. 还价概述

所谓还价，是指谈判一方根据对方的报价和自己的谈判目标，主动或应对方要求提出自己的价格条件。还价通常是由买方在一次或多次讨价后应卖方的要求而作出的。

还价时机选择得当可以减少还价次数，改善还价效果，因此还价时机是谈判者十分重视的问题。首次还价应在报价方对讨价作出反应并改善报价后进行，其最佳时机是在报价人对报价作了两次改善之后。

还价必须要考虑对方接受的可能性。事实上，买方的第一次还价很少立即被卖方接受。因此，买方在确定还价起点时即应考虑对方的再次攻击及自己的防守余地。若能一次还价成功，还价起点可适当提高一些。

3. 让价概述

让步是指谈判双方向对方妥协，退让己方的理想目标，降低己方的利益要求，向双方期望目标靠拢的谈判过程。

1）让步的方式

方法一：最后一次到位法。

这是一种较坚定的让步方式。它的特点是在谈判的前期阶段，无论对方作何表示，己方始终坚持初始的报价，不愿作出丝毫的退让。到了谈判后期或逼不得已的时候，却作出大步的退让。当对方还想要求让步时，己方又拒不让步了。这种让步方式往往让对方觉得己方缺乏诚意，容易使谈判形成僵局，甚至可能因此导致谈判的失败。

方法二：均衡法，如图 4－13 所示。

图 4－13　均衡法

这是一种以相等或近似相等的幅度逐轮让步。这种方式的缺点在于让对方每次的要求和努力都得到满意的结果，因此很可能会刺激对方要求无休止让步的欲望，并坚持不懈地继续努力以取得进一步的让步，而一旦让步停止就很难说服对方，从而有可能造成谈判的终止或破裂。但是，如果双方价格谈判轮数比较多、时间比较长，这种“刺激型”的让步方式也可以显出优越性，每一轮都作出微笑的但带有刺激性的让步。把谈判时间拖得越长，往往会使谈判对手厌烦不堪、不攻自退。

方法三：递增法。

这是一种让步幅度逐轮增大的方式。在实际的价格谈判中应尽力避免采取这种让步方式，因为这样做的结果会使对方的期望值越来越大，每次让步之后，对方不但感到不满足，并且会认为己方软弱可欺，从而助长对方谈判的谈判气势，诱发对方要求更大让步的欲望，使己方很有可能遭受重大损失。

方法四：递减法。

这是一种让步幅度逐轮递减的方式。这种方式的优点在于：一方面让步幅度越来越小，使对方感觉己方是在竭尽全力满足其要求，也显示出己方的立场越来越强硬，同时暗示对方虽然己方仍然愿意妥协，但让步已经到了极限，不会再轻易做出让步；另一方面让对方看来仍留有余地，使对方始终抱着把交易继续进行下去的希望。

方法五：有限让步法。

这种让步方式的特点是开始先作出一次巨大的退让，然后让步幅度逐轮减少。这种方式的优点在于：它既向对方显示出谈判的诚意和己方强烈的妥协意愿，同时又向对方巧妙地暗示出己方已尽了最大的努力，作出了最大的牺牲，因此进一步的退让已近乎不可能，从而显示出己方的坚定立场。

方法六：快速让步法。

这是一种巧妙而又危险的让步方式。开始作出的让步幅度巨大，但在接下来的谈判中则坚持己方的立场，丝毫不作出让步，使己方的态度由软变为硬，同时也会是对方由喜变忧，又由忧变喜，具有很强的迷惑性。开始的巨大让步将会大幅度地提高买方的期望，不过接下来的毫不退让和最后一轮的小小让步会很快抵消这一效果。这是一种很有技巧的方法，它向对方暗示，即使进一步的讨价还价也是徒劳的。

但是这种方式本身也存在一定的风险性。首先，它把对方的巨大期望在短时间内化为泡影，可能会使对方难以适应，影响谈判顺利进行；其次，开始作出的巨大让步可能会使卖方丧失在高价位成交的机会。

方法七：退中有进法。

这种让步方式代表一种更为奇特和巧妙的让步方式，因为它更加有力、巧妙地操纵了对方的心理。第一轮先作出一个很大的让步，第二轮让步已经到了极限，但在第三轮却安排小小的回升(对方一般情况下当然不会接受)，然后在第四轮里再假装被迫作出让步，一升一降，实际让步的总幅度未发生变化，却使对方得到一种心理上的满足。

方法八：一次性让步法。

这是一种比较低劣的让步方式。在谈判一开始，就把己方所能作出的让步和盘托出，这不仅会大大提高对方的期望值，而且也没有给己方留出丝毫的余地。接下来的完全拒绝让步显得既缺乏灵活性，又容易使谈判陷入僵局。

为了更好地让同学们体会让步的方式，假设让步总幅度是 100 元，让步四次，将上面讲述的让步方法体现在数字上，如表 4 - 4 所示。

表 4-4　让步方法

让步方法	第一次让步	第二次让步	第三次让步	第四次让步
1	0	0	0	100
2	25	25	25	25
3	10	20	30	40
4	40	30	20	10
5	50	30	12	8
6	90	0	0	10
7	90	10	−5	5
8	100	0	0	0

2) 让步时需要注意的问题

(1) 不要做无谓的让步,要服务于已方的整体利益。

只有在最需要的时候才让步,让步通常意味着妥协和某种利益的牺牲。对让步的一方来说,做出让步的承诺无疑是痛苦的。不是迫不得已,不到最后关头,不要轻易让步。每次让步或是以牺牲眼前利益换取长远利益,或是以已方让步换取对方在其他方面相应的让步或优惠。

(2) 在未完全了解对方的所有要求以前,不要轻易作任何让步。盲目让步会影响双方的实力对比,让对方占有某种优势,甚至使对方得寸进尺。

(3) 让步要让在刀口上。每次让步都要恰到好处,才能使已方以较小的让步获得对方较多的满意。

(4) 在对已方重要的问题上,力求使对方先让步;在较为次要的问题上,根据情况,已方可考虑先让步。

(5) 不要承诺作同等程序的让步,如对方提出此种要求,可以已方无法承担予以拒绝。

(6) 如果作出的让步欠妥,要及早收回,不要犹豫。

(7) 让步要三思而行,谨慎从事,不要过于随便,给对方留下无所谓的印象。

(8) 即使作出的让步不大,也要使对方觉得让步来之不易,倍加珍惜。

(9) 一次让步幅度不宜过大,节奏也不宜太快,应该做到步步为营。

(10) 接受对方的让步要心安理得。不要接受对方让步就觉得有义务感、负债感,马上考虑是否作出什么让步给予回报。否则,争取到的让步就失去了意义。

3) 让步策略

(1) 互惠式的让步

互惠式的让步是指以本方的让步换取对方在某一问题上的让步。能否争取到互惠式的让步与我们在商谈谈判议题时所采取的方式有关。谈判议题的商谈方式有两种:一种是所谓的横向式商谈,即采取横向铺开的方法,几个议题同时讨论,同时取得进展,然后再同时向前推进;另一种是所谓的纵向式商谈,即先集中解决某一个议题,而在开始解决其他议题时,已对这个议题进行了全面深入的讨论研究。采用纵向式商谈的方式,双方往往会在某一个议题上争执不下,或者最后只是某一方单方面的让步;而横向式商谈把各个议题联系在一起,双方可以在各议题上进行利益交换,达到互惠式的让步。

要争取互惠式的让步，需要谈判者有开阔的思想和视野，除了在某些本方必得的地方必须坚持外，不要在某一个问题上卡死，而要灵活地使本方的利益在其他方面得到补偿。从谈判的实践来看，要争取互惠式的让步，可以采用这样两种方式进行：

一是，当本方谈判人员提出让步时，向对方表明，我们做出这个让步是与公司政策，或者公司主管的指示相矛盾的，因此我们只能同意这样一个让步，即贵方也必须在某个问题上有所回报，这样我们可以对公司有个交代。

二是，把本方的让步和对方的让步直接联系起来。例如，本方谈判人员可以这样说："我们认为在这个问题上（对方要求本方让步的问题）没有多大的障碍，只要在那个问题上（本方要求对方让步的问题）我们能够取得一致就行。"

（2）丝毫无损的让步

谈判中的让步实际上就是牺牲自己的一部分利益，那么能不能做到不牺牲自己的利益而又在让步的情况下，达到让双方满意的同样效果呢？回答是肯定的。在一定条件下，我们可以做到所谓的"丝毫无损的让步"。

丝毫无损的让步，是指在谈判过程中，当谈判的双方就某一个交易条件要求我方做出让步，其要求的确有些理由，而对方又不愿意在这个问题上做出实质性的让步时，采取这样一种处理办法，即首先认真倾听对方的诉说，并向对方表示："我方充分地理解您的要求，我们也认为您的要求是有一定的合理性的。但是，就我方目前的条件而言，因受种种因素的限制，实在难以接受您的要求。我们保证在这个问题上我方给予其他客户的条件，绝对不比给你们的好，希望你们能够谅解。"如果不是什么大的问题，对方听了上述一番话之后，往往会自己放弃要求。

4. 讨价还价的策略

讨价还价阶段是谈判的实质性磋商阶段，它是谈判的核心环节，也是最困难、谈判组人员最紧张的阶段。磋商的过程及其结果直接关系到谈判双方所获利益的大小，决定着双方各自需要的满足程度。因而，选择恰当的策略来规划这一阶段的谈判行为，无疑有着特别重要的意义。

1）佯装震惊

在讨价还价环节，对方出价的时候，你要表现出对他的出价表示震惊，这是在表现不可思议，从侧面表现你无法接受这一提议，如图 4－14 所示。其实很多时候，对方在出价时，他并不会考虑这个价格是否合适，你是否会同意这个价格，他只是想试探你的反应，在你的反应中找寻答案。另外在让价时，也要表现得很为难，作出的让步要让对方感激。

图 4－14　惊讶表情

2）坚持你的最后报价，不要做出不必要的让步

假如你能从别处达到目的，那么，明确告诉对方你们能提供的就是合同包含的内容。让对方去选择，表明你把他和其他客户同样对待，不想在价格和条款上争论不休。对已达成的合同条款保持强硬态度，同时在处理方式上可保持一定灵活性。

你若不想顺从对方的要求，清楚地表明"不"，而不要做出如下的反应：

"我认为我们不能那样安排。"
"我没有被授权同意这些。"
"我们不得不仔细考虑。"
"我们在价格上已经不能再做什么了。"
"我们已经尽我们所能做出让步了。"

假如你这样回答，对方将继续他们的要求，他会利用你的不确定步步紧逼，学会说"不"并坚持下去。

【案例分析】

买卖双方对购买汽车零件买价和卖价进行了一段时间的评论和解释，虽有进展，但未达成协议。谈判又继续进行。

买方："贵方立场太坚定，我们无法相互靠近。"
卖方："贵方态度也不软，靠不拢也有你的责任。"
买方："你的价格像夏天穿棉袄，这么厚，怎能让人靠得拢？"
卖方："要是'穿棉袄'的价，我早脱了。"
买方："我眼中看到的价就是'穿棉袄'的价。"
卖方："贵方的眼神有点问题。"
买方："我的眼神可能有问题，难道这么多双眼睛（用手指自己的助手）也有问题？"
卖方："实不瞒贵方，我的价格已是'背心价'了，请贵方能仔细考虑。我再让价，就要'光膀子'回家了！"
买方："不会。我不但不会让你'光膀子'回家，还要让你穿着'西服'体面地回家。"

3）不要急于达成协议

对于对方的要求或愿望并不需要立即表明立场，暂停一下可能会给你发现其他方案的机会，也可使对方感到自己是否走得太远。

假如你不知道该做什么，通过询问其意见，你便有权要求对方接受其报价的约束。这意味着你有权力但没有义务接受报价，而对方却受报价约束。可以说："我不能立即就此事给你答复，关于你的报价，我可能有所选择。假如我有机会更详细地研究一下，在几天后我会给你一个答复。假如我们能接受你的报价，那么我们就成交。"

现在你或接受报价，或只接受其中一部分、另一部分要进行谈判，或全部拒绝的选择。总之，在讨价还价阶段，应注意以下问题：

（1）避免错误的妥协；
（2）对条款中你同意的任何可能变化的影响进行调查，寻找附加值；
（3）在谈判中留有足够的余地；
（4）只和有决定权的人谈判；

(5) 在报价前,了解对方的要求;

(6) 避免单方面让步,自己让步时要求对方也让步;

(7) 充分计算;

(8) 学会明确拒绝;

(9) 记住作出妥协并不意味着各自承担一半;

(10) 在签订最后协议前花时间仔细考虑清楚。

4) 老虎钳策略

这个策略可用这样一句简单的话来表达:“你得再加点。”

5) 只听不说

倾听是谈判者所能做出的最省钱的让步方式,所以只听少说或只听不说。

如果你认真倾听对方的谈话,对方会认为你很有礼貌,觉得你对他很尊重,因而,谈及交易条件的时候,也就会顺利得多。另外也可从他说的部分里找出对你有利的谈判信息。

6) 用题外话转移对方注意力

在这方面,英国首相洛德·乔治确有其独到之处。当人们问他何以能维持声名不坠,在那些与他同期的战时领导人物如威尔逊·奥兰多和克里蒙梭等相继凋零之后,他却仍是如日中天,身系高阁。而洛德的答复则是,他之所以如此,正是因为他懂得在钩上装讨鱼儿喜欢的钓饵,别无他法。这位成功大师告诉我们,一些赞美的话可以用做谈判伊始的开场白,如:“您这会议室布置得真雅致!尤其是这儿的灯光,太棒了!既不刺眼,也没有影子,是怎么设计的?”这种开场白亲切、自然,让对方心里十分受用,但又不给人虚伪的感觉,一开始就形成一种和谐的谈判气氛,为以后谈判的顺利进行创造了条件。

在谈判进行当中,当对方向你做出让步的时候,你也不妨恭维他几句:“您不愧是老朋友,很仗义。以后再有类似的业务,我们第一个想到的自然是您。”一般而言,在谈判中通常顺水推舟地赞美对手,达到谈判目标。

7) 更高权威策略

商务谈判过程中最令人沮丧的或许就是在谈判正在进行时,你突然发现你的谈判对手居然没有最终决定权。除非你意识到这只是对方的一个谈判技巧,否则,你会觉得浪费了自己一番心血。

小组演练

1. 提出演练要求

(1) 指导老师对全班学生进行分组,6～8 人为一个组,选出组长,组长带领组员以组为单位进行情境演练。

(2) 组长以组为单位,带领组员完成表 4-5 中的选择题,并以表中的内容进行演练,角色扮演人员由小组内部自定。

(3) 组长选出两名代表上台表演,同学们发挥想象力,表演中注意运用积极的肢体语言。

(4) 表演结束后,老师完成学习评估表。

表4-5　情境演练剧本

情境演练剧本			
1. 选择题 (1) 客户:"我有几个朋友和同事都对你这车蛮感兴趣的,也打算购买,如果你能再给我优惠点,下次我就介绍他们过来看看,你看怎么样?" 这位客户此时用的讨价方法是……（　） A. 举证法　B. 求疵法 C. 假设法　D. 多次法 (2) 一位推销员走进了一家4S店,向该店的销售经理推销广告、复印机、计算机设备等,销售经理已经把价格压得很低了,最后告诉推销员:"这看起来真不错,不过我要先向总经理汇报一下,才能给你答复。" 这位销售经理用的讨价还价策略是……（　） A. 佯装震惊策略　B. 只听不说策略 C. 用题外话转移对方注意力策略　D. 更高权威策略			
2. 情景演练			
销售顾问		客　户	
剧本内容			
客　户:"你们优惠太少了!" 销售顾问:"大哥,我想的和您一样,优惠啊肯定是越多越好。但是买东西,没有不花钱的不是,一分钱一分货。我们这车卖这个价格,肯定有他卖这价格的道理。 首先,125年的历史沉淀出来的优雅文化是其他品牌的车所不能比拟的。 其次,梅赛德斯是世界顶级的品牌彰显您的高贵气质与品位。 再次,始终如一的努力为您打造一流的驾乘体验,为您的家人保驾护航。 最后,咱们售后服务也是全球一流的,2年不限公里的质保、24小时免费道路救援,为您的旅途提供专业的保障,更何况现在的价格确实已经是很低了,前两天一个客户的朋友在××店买的比这还贵1万元呢,您现在买已经是很划算了!" 客　户:"还是很贵,超出了我的预算。" 销售顾问:"先生,您是做生意的吧?做生意最重要的就是保证自己的资金链。我们现在正好推出了一个非常优惠的金融服务,利息低,审核快。非常适合您这样的生意人。这样一来您把整钱零付,其余的钱您再投到生意中还能挣钱。车还买了,钱还挣了,多划算。前两天我有一个客户就是走的这个方案,才7天就把车提走了。您亲自感受过才能下结论。您下周哪天能抽空来试乘试驾,我在店里等您?" 客　户:"××车这方面表现得比你们强?而且价钱便宜你们1万元多?" 销售顾问:"大哥一看就是汽车行家,不过您有所不知吧。××的轴距是已经达到了××,您肯定知道轴距加长了以后操控性势必会下降,××的轴距都这样长了还标榜其操控是不是有点不厚道啊!××的车是比我们的车便宜1万元,但是您知道我们有的这些功能是××没有的,这些东西加上的话恐怕2万都不止吧,您开咱的车给您带来的,可是1万元买不来的啊!您说是吧?" 客　户:"你们的产品质量不怎么好。" 销售顾问:"先生您一定是听别人说的吧,说实话汽车作为人类的交通工具诞生100多年,经历了许多次的失败后才有现在汽车的稳定与安全。汽车是机器,是机器就一定会出现问题,这也是可以理解的,人还时不时来个小感冒啥的,对吧?但是得看你问题出现在什么地方,我们的刹车没有刹不住的时候,我们的发动机没有烧发动机润滑油的时候,奔驰的质量要是都没有保障的话,那么别的品牌就没法卖了。"			

2. 进行演练

3. 学习评估

指导老师根据各组员的个人表现及其所在小组的团体表现，对其讨论过程进行评估。评估标准如表 4-6 所示。

表 4-6 学习评估表

评 估 内 容	满 分	得 分
1. 声音适量，字句清楚，语速适当，亲和力强		
2. 组员积极参与的程度及团队意识		
3. 选择题的准确性		
4. 想象力的发挥		
5. 表演效果及运用积极的肢体语言		

学习情境 5　谈判成交

学习目标

1. 能够制定促进谈判成交的策略；
2. 能够就双方确定的内容拟定合同。

情境导入

世界汽车销售大王乔·吉拉德在一年以内销售了1 425辆汽车。此项成果已经列为吉尼斯纪录，到现在还没有任何一个人能打破这项纪录。

但是乔·吉拉德却有过一次难忘的惨痛教训：

有一天，一位客户向乔·吉拉德买车，乔·吉拉德向他推荐了一款新型车，一切都进行得非常顺利，眼看就要成交了，突然这个客户说："我不要了。"明明这个客户很在乎这部车，为何突然之间变卦？乔·吉拉德对此一直懊恼不已，百思不得其解。

当天晚上11点，他实在忍不住了，就拨通了这位客户的电话："您好，先生，我是乔·吉拉德，今天我向您推销的那一款车，眼看您就要签字了，为什么突然之间就决定不购买了呢？"

那个客户善意地说："你知道现在几点吗？"

乔·吉拉德说："很抱歉，我知道现在已经是11点了，但我检讨了一整天，我实在想不出来我错在哪里，因此我特地打电话来向您请教。"

客户问他："真的吗？"

"真的。"

"是肺腑之言吗？"

"是肺腑之言。"

"很好，你用心在听我说话吗？"客户问。

乔·吉拉德说："是的，我用心在听您说话。"可客户又说了："可是今天下午你并没有用心听我说话，就在签字之前，我提到我的儿子即将进某个大学就读，我还提到我儿子运动成绩以及他将来的抱负，我以他为荣，但是我发现你没有任何反应。"

乔·吉拉德瞬间记起这个客户确实是说过这件事，"你根本就不在乎我说什么，我看得出来，你正在听另外一个推销员讲笑话，这就是你失败的原因"客户如实说。

通过这个案例，我们可以看出，在商务谈判过程中的一举一动都能影响最后的结果，那在价格谈判开始后，如何促使客户成交？在成交后又还要做哪些工作呢？我们一起来学习。

任务1　制定促进成交的策略

学习目标

能够制定促进谈判成交的策略。

学习内容

1. 谈判成交应具备的六个条件；
2. 成交信号的识别；
3. 促进成交的策略。

知识准备

随着磋商的深入，谈判双方在越来越多的事项上达成共识，彼此在立场与利益等方面的差异逐步缩小，有经验的谈判者总是善于在关键的、恰当的时刻，抓住对方隐含的签约意向，或巧妙地表明自己的签约意向，趁热打铁，以促成交易的达成和实现，此时商务谈判就将进入成交阶段。

所谓成交，是指谈判者接受对方的建议及条件，愿意根据这些条件达成协议，实现交易的行动过程，如图5-1所示。

图5-1　谈判成交(图片来源：百度图片)

1. 谈判成交应具备的六个条件

1) 使对方必须完全了解企业的产品及产品的价值

在实际谈判过程中，可以假设，如果对手比较熟悉你的商品，他们就会表现出购买的热情，容易接受谈判人员的建议。因此，作为谈判人员，应该主动地向谈判对手展示自己的商品，主动地介绍商品的各种优势、性能、用途等问题，尽可能消除对手的疑虑。一句话，根据对手的不同心理，多给他们一个了解的时间和机会。

2) 使对方信赖自己和自己所代表的公司

3）使对方对你的商品有强烈的购买欲望

4）准确把握时机

“事在人为”，只要通过努力都有可能改变或影响某一事物的发展和变化。因此，作为谈判人员，要等待合适的时机。必要时要想办法制造合适的时机，促使对方做出成交决策。

5）掌握促成交易的各种因素

谈判者对商品的认识、谈判者有购买意图、谈判人员的性格、情绪、工作状态以及谈判人员的业务能力都会影响成交。

另外，商品的因素也会影响交易的达成。谈判者多数都比较看重商品自身的质量，如果商品质量低劣，即使是其价格特别优惠，也不愿意购买。一般来讲，商品品牌好，知名度高，成交的可能性就相对大些。

6）为圆满结束做出精心安排

2. 成交信号的识别

成交信号是指商务谈判的各方在谈判过程中所传达出来的各种希望成交的暗示。对大多数商务谈判人员而言，如何第一时间识别对方发出的成交信号，在对方发出此类信号时能往成交的方向引导，并最终促进成交，成为所有成功谈判的“必杀技”。

1）成交的语言信号

在谈判过程当中，谈判对手最容易通过语言方面的表现流露出成交的意向，经验丰富的谈判人员往往能够对对手的密切观察，并及时、准确地识别对手通过语言信息发出的成交信号，从而抓住成交的有利时机。

（1）某些细节性的询问表露出的成交信号

当谈判对手产生了一定的成交意向之后，会询问细节性的问题。比如，他们向你询问交货时间、产品某些具体功能及使用方法、询问产品的附件与赠品、向你询问具体的产品维护和保养方法、向你询问其他老客户的反映、询问公司在售后服务方面的具体细节等，这就要求谈判人员迅速对这些信号做出积极反应。

【案例分析】

A：“这种材料真的经久耐用吗？你能保证产品的质量吗？”

B：“我们当然可以保证产品的质量了！我们公司的产品已经通过了欧洲5星碰撞测试了，这一点您大可以放心，购买这种高品质的产品是您最明智的选择。”

（2）某些反对意见表露出成交信号

有时，谈判对手会以反对意见的形式表达他们的成交意向，比如对产品的性能提出质疑、对产品的某些细微问题表达不满，等等。例如：

A：“你们在服务公约上说提供两年免费道路救援，那么我想知道，如果两年以后呢？”

B：“您提出的这个问题确实很重要，我们公司也一直关注这个问题。为了给客户提供更满意的服务，我们公司已经在全国都有特约经销商，您还是可以通过他们进行道路救援。”

2）成交的行为信号

当谈判对手对样品不断表示欣赏，并拿出产品说明反复观看时、当谈判过程中忽然表现出很轻松的样子时、当对方在进行说服活动时不断点头或很感兴趣地聆听时，当他们在谈判过程中不断向前倾时、用手触及订单时等，都说明对方已表露出希望成交的信号了。

3) 成交的表情信号

对手的面部表情可以透露其内心的成交欲望。比如，当对手的眼神比较集中于你的说明或产品本身时、当对手的嘴角微翘、眼睛发亮显出十分兴奋的表情时，或者当对手渐渐舒展眉头，等等，这些表情上的反映都可能是对手发出的成交信号，如图5-2所示。

图5-2 表情信号(图片来源：百度图片)

3. 促进成交的策略

成交之前，坚决果断，杜绝一切打扰；成交中，注意采用成交催化剂。下面介绍几种有效促进成交的技巧。

1) 二难选择法

所谓"二难选择"，就是在与对方谈判，提出两个方案供对方选择，事实上这两个方案都有利于我方而不利于对方。虽然还有第三方案选择的可能性，但在这种时候，对方的第一反应往往是选择第一方案或第二方案，没有再作其他考虑。这同样是一种高明的心理战。

运用这种方法，应使客户避开"要还是不要"的问题，而是让客户回答"要A还是要B"的问题。例如："您是投一个月的还是一个季度的广告？""您是今天签单还是明天再签？""您是一次性付款还是月结？"注意，在引导客户成交时，不要提出两个以上的选择，因为选择太多反而令客户无所适从。

这种"二难选择"妙就妙在表面上十分尊重对方，给出条件，实际上十二分不尊重对方，无论对方怎样选择，都要中计，就好像抽签，表面上有两种选择机会，实际上两个签都已做了手脚，抽不抽都一回事。

2) 断货成交法

谈判人员将断货、缺货或者无法按时交货为理由，为己方要求更多的有利或优惠政策，促进成交。

3）综述利益法

总结利益成交法指的是销售人员把客户与自己达成交易所带来的所有的实际利益都展示在客户面前，把客户关心的事项排序，然后把产品的特点与客户的关心的方面，紧密地结合起来，总结客户所有最关心的利益，促使与客户最终达成协议。

4）宠物成交法

如果你经过一家宠物店，看见一只可爱的小狗，漆黑的大眼睛望着你，不知不觉，你走进了宠物店。这时，聪明的销售人员，轻轻将小狗放到你手上。你再也舍不得放下。这就是宠物成交法。

其实，在现实销售中，很多谈判人员都在使用这种成交法。

但是这种方法最有效于有形产品的销售，用此方法能让客户清楚了解你的产品并可触摸、试用，但这时你还没有和客户成交。你可以过段时候，向你的客户索回这种产品，当你索回产品的时候，客户已习惯了把此产品当成自己的了，总觉得你索取的是他自己的东西，所以客户很顺利地和你成交了。

【案例分析】

客户："我还从来没有用过这种产品，那些使用过的客户感觉用起来方便吗？"

销售顾问："当然了，操作简单、使用方便是这种新产品的一个重要特点。以前也有一些客户在购买之前怕使用起来不方便，可是在购买之后他们觉得这种产品既方便又实用，所以已经有很多客户长期到我们这里来购买产品了，您现在就可以试一试，如果您也觉得用起来方便的话，就可以买回去好好享用它的妙处了……"

5）富兰克林法

富兰克林不仅是美国的一个伟大政治家，而且是一个伟大的推销家(图5-3)。他说服别人的方法后来被人们称为富兰克林说服法，被推销人员广泛地运用到推销中去。

图5-3　富兰克林

富兰克林说服法的基本做法是：在一张纸上画出两栏，呈"T"字形，左边表示肯定，右边表示否定。即把购买某产品的一切好处按照轻重缓急进行排序写在左栏，将客户感知到和可能感知到的不利点写在右栏，让客户看那边理由充分而作决定。

【案例分析】

如图 5－4 所示。

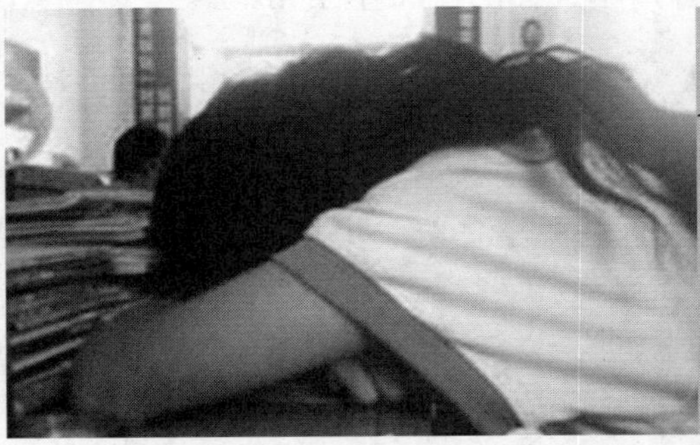

上课睡觉	
·好处	·坏处
20分钟的睡眠	一节课时间的浪费 被扣操行分 被老师批评教育 影响自身形象 影响班级荣誉 影响学习氛围 ……

图 5－4　富兰克林说服法

富兰克林说服法的适用范围：犹豫不决的顾客、理智型和分析型顾客、已经获得信任的顾客。

使用富兰克林说服法的注意事项：要确保客户愿意花时间参与分析、多与顾客交流，帮助顾客认识产品优点、每一条优点都要征得顾客认同。

6）样品订单法

正确的做法是，应该先培养他的购买兴趣，时机成熟后，才可以进入签字程序，准备好的订单，就是成交的武器。

【案例分析】

在销售即将结束的时候，销售顾问拿出订单或合约并开始在上面填写资料，如果客户没有制止，就表示他已经决定购买了。如果客户说还没有决定购买，销售顾问可以说："没关系，我只是先把订单填好，如果你明天有改变，我会把订单撕掉，你会有充分的考虑时间。"

销售顾问："朱经理，送货日期没有问题，其他条件也不错，而且我们也解决了付款的问题。既然这样，可不可以把你的大名填在这份文件上?"

7）优待结束法

规定出谈判截止日期，利用谈判期限的力量向对方施加无形压力，借以达到促成签约的目的。

"存货不多，欲购从速。"

"如果你方不能在 9 月 1 日以前给我订单，我们将无法在 10 月 20 日签交货。"

"如果我方这星期收不到货款，这批货物就无法为你方保留了。"

"从 5 月 1 日起价格就要上涨了。"

"优惠价格将于 9 月 30 日截止。"

【案例分析】

客户："年底优惠多，我还是想等到年底再买！"

销售顾问："先生，您看中的这款车是我们目前主推的黄金车型，正在以超低价促销，比任何时候的优惠力度都大！注意数量限定为 10 辆。目前只剩下 2 辆了，售完即止！我看您就别再犹豫了，那边还有几个客户在谈呢，马上签合同才能保证有一辆是你的！"

8）门把手成交法

简化一点说就是如何找出客户最后一个拒绝点来“反败为胜”。其实当你离开客户办公室时，一般客户就没了戒备心，会痛快地说出不买产品的原因，而这个原因便是他最后一个拒绝点，而且是唯一的抗拒。所以只要你打破他的拒绝点，客户不买你的产品才怪呢。

【案例分析】

客户：“你们的售后服务怎么样？”

销售顾问：“我很理解您对售后服务的关心，毕竟买车也是一个比较大的决策，那么，您最关心售后服务的哪些方面呢？”

客户：“是这样，我有个朋友去年买了一辆车，开了一段时间后就开始漏油，后来拿到4S店去修，修好后过了一个月又漏油，再去修，对方说要收3 000元修理费，最后没办法，我朋友只好自认倒霉了。不知道你们在这方面是怎么做的？”

销售顾问“很感谢您的信任，请问您除了这一点还有其他方面的问题吗？”

客户：“没有了，就是这个。”

销售顾问：“好的，关于汽车的油路问题，我们采用的是意大利AA级标准的加强型油路设计，这种设计具有极好的密封性，即使在正负温差50℃，或者润滑系统失灵20 h的情况下也不会出现油路损坏的情况，所以漏油的概率极低。当然世上无绝对，如果万一出现了漏油的情况，您也不用担心，因为我们的售后服务承诺：从您购买之日起1年之内免费保修，同时提供24 h之内的主动上门的服务。您觉得怎么样？”

客户：“这样我就放心了。”

销售顾问：“那我们就签合同办手续吧。”

9）以退为进法

实际的退让达到进一步的目的。

【案例分析】

客户：“我在你这购买车辆保险也可以，但是你得给我打折。”

销售顾问：“这我很难办到的，除非刚刚提到的按揭通过我们公司给您办，保险才能给您折扣。”

小组演练

1. 提出讨论要求

(1) 指导老师对全班学生进行分组，6～8人为一个组，选出组长，组长带领组员以组为单位进行情境演练。

(2) 组长以组为单位，带领组员演练表5-1中的话术，角色扮演人员由小组内部自定。

(3) 组长选出两名代表上台表演，表演中注意运用积极的肢体语言，同学们也可发挥想象力，编写自己的话术进行表演。

(4) 表演结束后，老师完成学习评估表。

表 5－1 情境演练剧本

情境演练剧本			
【场境描述】 你作为销售顾问与客户进行了价格谈判，双方谈得很愉快，客户有意签订单，但总觉得自己的做法很冲动。 运用下面的提示话术，进行演练			
销售顾问		客　户	
剧本内容			
客　　户："我还要想想，我总觉得就这样决定有点冲动?" 销售顾问："当然得冲动了！我们这款车确实能够打动人心，您也有为自己冲动买单的财力，您不知道有多少人想冲动却没有支付能力啊！拥有这款车就是一种豪华的冲动，喜欢才是重要的，您说是吗?"(观察客户的反应，接着解释) 销售顾问："您想象一下，当您傍晚开着这辆车载着您的爱人，行驶在海边的小道上，宽阔的海面上白帆点点，海风吹起您爱人的长发，轻轻拂在您的脸上，那是一种多么浪漫又美妙的感觉啊!"(运用构图讲解法描绘买车后的场景，引发客户的美好想象) 客　　户："对，我要的就是那样的感觉，现在买了吧!"			
编写话术			

2. 进行演练

3. 学习评估

指导老师根据各组员的个人表现及其所在小组的团体表现，对其讨论过程进行评估。评估标准如表5－2所示。

表 5－2 学习评估表

评估内容	满分	得分
1. 声音适量，字句清楚，语速适当，亲和力强	10	
2. 组员积极参与的程度及团队意识	20	
3. 编写的话术	20	
4. 想象力的发挥	30	
5. 表演效果及运用积极的肢体语言	20	

任务2　双方拟定合同

学习目标

能够就双方确定的内容拟定合同。

学习内容

1. 合同的概念；
2. 商务谈判合同的特征；
3. 合同订立的程序；
4. 商务谈判合同的总体构成及内容；
5. 拟定合同时应注意避免的纠纷；
6. 履行合同。

知识准备

经过价格谈判后，商务谈判结束的方式不外乎三种：成交、中止、破裂。中止是指谈判双方因为某种原因未能达成全部或部分成交协议，而由双方约定或单方要求暂时终结谈判的方式。破裂是指双方经过最后的努力仍然不能达成共识和签订协议，交易不成时，或友好而别，或愤然而去，从而结束谈判。

商务谈判成交是指谈判者接受对方的建议及条件，愿意根据这些条件达成协议，实现交易的行动过程。

1. 合同的概念

合同又称为契约，具有广义和狭义两种。

广义的合同泛指双方或多方当事人之间订立的发生一定权利、义务关系的协议；狭义的合同专指当事人之间设立、变更、终止民事关系的协议。

1）合同的特征

合同是一种民事法律行为，是当事人之间设立、变更、终止民事法律关系的协议，是在当事人平等基础上达成的协议。

2）合同的法律约束力

合同一旦依法成立，在当事人之间便产生法律约束力：

（1）当事人必须全面地、适当地履行合同中约定的各项义务。

（2）合同依法成立以后，除非通过双方当事人协商同意，或者出现了法律规定的原因，可以将合同变更或解除外，任何一方当事人都不得擅自更改或删除合同。

（3）当事人一方不履行或未能全部履行合同义务时，便构成违约行为，要依法承担民事责任。另一方当事人有权利请求法院强制其履行义务，并支付违约金或赔偿损失。

3）合同拟定的原则

(1) 平等互利原则；

(2) 自愿原则；

(3) 公平原则；

(4) 诚实信用原则。

2. 商务谈判合同的特征

(1) 商务谈判合同是一种民事法律行为；

(2) 商务谈判合同是一种双方或多方或共同的民事法律行为；

(3) 商务谈判合同是以在当事人之间设立、变更、终止财产性的民事权利义务为目的；

(4) 商务谈判订立、履行合同，应当遵守法律、行政法规；

(5) 商务谈判合同依法成立，即具有法律约束力。

3. 合同订立的程序

合同的订立是一个非常复杂的过程，从合同订立的主体、形式、条款等都有非常严格的要求。根据我国合同法以及相关法律法规的规定，合同订立的程序，如图5-5所示。

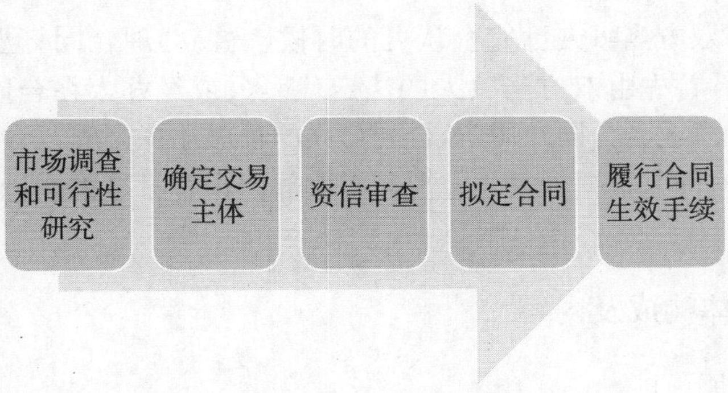

图5-5 合同订立程序

1）市场调查和可行性研究

市场形势瞬息万变，掌握的信息越充分，越及时，就越能在谈判中占得先机。因此，市场调查和可行性研究是当事人在签订合同前必不可少的准备工作。

2）确定交易主体

合同主体是指在合同上签字盖章并承担合同中权利义务的当事人。合同具有相对性，没有在合同上签字或盖章的人通常不享有合同中的权利和义务。所以签订合同时一定要区分谈判主体与交易主体，在合同上签字盖章的当事人更为重要。在不订立书面合同的交易中，如口头合同，或以要约承诺的方式订立的合同中，明确交易主体尤其重要，只有明确交易主体，才能确定义务的责任人。

商务谈判中参与谈判的可能是一个集团公司，也可能是集团公司的子公司，实际签订合同时可能加盖相关公司的印章，也可能是公司经办人签字。谁是合同的主体，是集团公司还是子公司或分公司或关联公司，是公司行为还是公司法定代表人的个人行为，谁对合同负责，这些看似简单的问题，在实际诉讼中往往纠缠不清。

3）资信审查

合同是具有法律效力的法律文件。因此，要求签订合同的双方都必须具有签约资格。否则，即使签订合同，也是无效的合同。

在签约时，要调查对方的信资情况，应该要求当事人相互提供有关法律文件，证明其合法资格。一般来讲，重要的谈判、签约人应是董事长或总经理。有时，具体业务谈判，出现签约的不是上述人员，但也要检查签约人的资格：如了解对方提交的法人开具的正式书面授权证明，常见的有授权书、委托书等、了解对方的合法身份和权限范围，以保证合同的合法性和有效性。

审查对方当事人的签约资格，一定要严肃认真，切不能草率从事。现实生活中，由于盲目轻信对方，草率签订合同，以致吃亏受骗的现象屡有发生。此外，不要轻易相信对方的名片，名片不能代替证书，有的人名片官衔很大，实际上是空的。还有，与公司打交道，不要只看母公司的信誉和资产情况，实际上母公司对子公司是不负连带责任的资信审查包括资格审查和信用审查。

4）拟定合同

合同是双方意思自治的表现，规定了合同双方之间的具体双方权利义务，既是履行合同的依据，又是日后处理合同纠纷的重要证据。因此，一份规范的、操作性强的合同既可以保证合同的顺利履行，避免因合同约定不明所产生的推诿扯皮，又可以作为处理合同纠纷的重要依据。

5）履行合同生效手续

在合同文书拟定后，双方当事人已完全认可的时候，就要办理合同订立的最后一道手续，即双方当事人签字或者盖章。首先由双方当事人的法定代表人或经办人在合同上签字。其次，按照我国的习惯，要加盖单位公章或者合同专用章，合同订立的程序才算完成。

应当注意的是，有些合同，根据国家规定需经有关部门审查批准的，则必须在有关部门审批后，才能正式生效。

4. 商务谈判合同的总体构成及内容

1）商务合同总体构成

商务合同的总体构成，如图5-6所示。

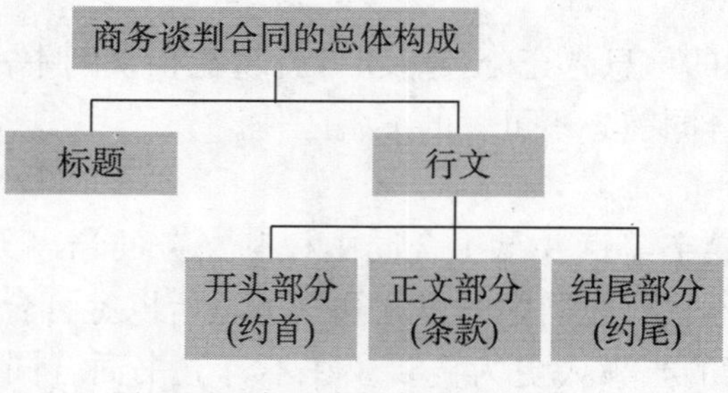

图5-6 商务谈判合同的总体构成

上图中标题指的是合同的名称；约首包括需方及供方的单位名称（也可简称为甲方和乙方），签订可同的日期、地点及此项经济活动的目的。

2）商务谈判合同的主要内容

（1）标的

商务合同的标的是指合同双方当事人权利、义务所指向的共同对象，就是合同法律关系的客体。在商务合同中标的必须明确、具体、肯定，以便于商务合同的履行。

一汽-大众　Audi 突破科技 启迪未来

说明：以下协议内容购买方称甲方，销售方称乙方；

1. 基本信息：

签订日期：__________年______月______日

预付款收据编号：____________________

甲方名称：	乙方名称：
地址：	地址：
电话：	电话：
邮编：	传真：
传真：	开户银行：
开户行：	帐号：
帐号：	发票（上户）名称：

2. 订购信息：

2.1 经甲乙双方协商一致，达成购买车型及价格如下：

车　型	颜　色	数量	市场指导价（元）	销售结算价（元）

2.2 预付款支付说明：

2.2.1 若订购车辆为国产常规车辆，需缴纳预付款__________元/台，其余尾款提车时结清；

2.2.2 若订购车辆为个性化车辆，因车辆完全根据甲方需求单独订购，车辆装备具有唯一性，故预付款需缴纳车辆销售结算价的10%，如因客户原因不能前来提车，该预付款不予退还；

2.2.3 若订购车辆为进口车，由于进口车车辆订货周期较长，车价较高，预付款需缴纳车辆销售结算价的10%，车辆其余尾款提车时结清；

2.3 预计交车时间：______年____月____日前（非乙方人为因素或不可抗拒因素除外），具体提车时间以乙方通知为准（通知方式：包括但不限于电话通知、书面通知、手机短信）。

2.4 以上所订购车辆价格和配置最终以交车时厂家公布全国统一价格和配置为准，如因遇到以下原因：国家针对汽车行业出台相关新规定、新政策；奥迪品牌产能变化，导致车型变更、配置增减、供货不足；天气、运输以及自然灾害等不可抗力的原因致使乙方不能按照协议约定事宜准时交货时，乙方不承担由于上述原因造成的一切损失及法律责任，甲方有权要求乙方退还支付的预付款。

提车地点：乙方公司所在地，由甲方验收，乙方提供该车的全部单证。

甲方（签字盖章）：

一汽-大众　Audi 突破科技 启迪未来

3. 经甲方要求，自愿增加（或购买）配置（或装饰）如下：

3.1 国产个性化选装：

项目（品名）			
市场指导价（元）		销售结算价（元）	

3.2 进口车选装：

项目（品名）			
市场指导价（元）		销售结算价（元）	

3.3 精品装饰：

项目（品名）			
市场指导价（元）		销售结算价（元）	

3.4 加装提示：

3.4.1 加装完毕后应附有产品质保卡或产品说明书,如没有请务必向销售顾问索要，加装了电器的客户，请确认是否收到产品说明书、质保卡，并请保管好质保卡，电器保质期通常为______。根据厂家通知，导航已无免费升级的活动，导航升级费用为______元1次，建议升级周期为______，并确保为正版最新版本的导航卡。

3.4.2 防爆膜通常保质期为八年，贴膜后48小时内请不要摇下玻璃，7天之内请不要清洗玻璃内侧，勿用含有酒精或氨水的溶液清洗玻璃膜，或使用磨砂纸清洗、擦试玻璃内侧，勿用指甲或尖物将膜边缘拨开，以免污物进入，勿在膜上粘贴不干胶或其它粘着类物质，玻璃与膜之间可能有积水，亦会引进光折射，待水干后此现象会消失，贴膜2-3周后可以清洗，要使用不起毛的布等软物品沾有洗涤灵的水擦拭，注意不要夹入沙砾或尖锐颗粒。以免划伤膜表面，同时也不能用氨基常液进行清洗，建议贴膜时间每天8点-15点进行最佳,由于贴膜需高温烘烤再加冬季昼夜温差较大容易导致玻璃破裂,请尽可能将车停在有车棚的停车点,若按照以上提示操作出现任何玻璃破裂和膜的损坏请24小时内与我公司联系。

甲方（签字盖章）：

图5-7（a）

4. 购车款事宜

4.1 付款方式：□全款　□按揭

4.1.1 甲方向乙方交付预付款人民币________（元），同时乙方向甲方出据预付款《收据》后，视为《协议》生效。提车时，甲方凭《协议》及预付款《收据》在乙方处交付尾款、提车并换取相关手续及发票。

4.1.2 购车尾款________（元）及增加配置（或装饰）款________（元），由甲方在提车时以现金或划卡方式向乙方交付，保险费________（元）由甲方在提车时以划卡方式交付相应保险公司。

4.1.3 按揭客户需在乙方确认客户首付款及银行贷款到达我司指定账户后，方可办理提车手续。

4.1.4 甲方支付预付款后，不接受所购的汽车（非协议所定车辆除外），或在乙方通知提车时间后延两个工作日到期后，甲方仍不履行支付余款的义务，视为甲方放弃所订购的车辆，乙方不退还甲方已支付的预付款，协议终止，所订汽车由乙方另行安排销售。

4.1.5 乙方所交付的车辆不符合约定，甲方有权拒绝接受，乙方承担违约责任，向甲方赔偿因违约产生的损失；乙方未按约定时间交车，视为乙方违约，逾期除继续履行协议义务外，每逾期一天按甲方已付款的万分之三向甲方支付滞纳金。

4.2 退款条件：

4.2.1 以上所定购车辆价格和配置最终以交车时厂家公布全国统一价格和配置为准，如因遇到以下原因：国家针对汽车行业出台相关新规定、新政策；奥迪品牌产能变化，导致车型变更、配置增减、供货不足；按揭资格不符，无法办理；天气、运输以及自然灾害等不可抗力的原因致使乙方不能按照协议约定事宜交货时，乙方可以延期交车并且不承担由于上述原因造成的一切损失及法律责任，甲方有权要求乙方全额无息退还甲方支付的预付款。4.2.2 个性化车辆不在4.2.1条件的约束范围内。

甲方（签字盖章）：

一汽-大众　Audi 突破科技 启迪未来

5. 按揭、保险事宜

5.1 经甲乙双方协商一致，甲方自愿在乙方处购买保险如下：

保险公司信息	□人保财险　□平安财险　□其他：________

5.2 按揭车按揭期间，保险因涉及到第一受益人变更及理赔委托等问题，因此保险需在乙方处购买，乙方协助办理。（贷款期间需投保金融公司所强制的保险险种）

5.3 按揭车辆须上绵阳本地车牌。

5.4 按揭客户需在乙方确认客户首付款及银行贷款到达指定账户后，方可办理车辆上户手续，车辆需上完牌照后才能提车。

5.5 客户同意办理按揭手续，销售顾问需协助客户填写附件---《汽车消费贷款申请表》及车贷告知书。

5.6 为了提高办理车贷效率，请您按事先准备好以下资料原件，届时客户经理对相关资料现场拍照收取。贷款所需资料会因具体情况不同，可能会根据审核需要而要求您提供未在下面资料内的其他资料，我公司承诺对您所提供的所有资料和信息将极尽保密义务。以下资料您越早准备齐全，就能越早获得评审结果！

必要申请资料		
序号	需准备的资料原件	说　明
1	[本人及配偶身份证]	正反面原件
2	[户口本]	地址页、户主页、本人及配偶页（如户口不在一起，请分别出示）
3	[婚姻证明文件]	婚姻证明文件（未婚则无须提供）
4	[住房产权证明文件]	房产证/购房合同/公房租赁合同/宅基地有关文件/自建房村委会证明 等
5	[工作单位及收入证明] 根据您的实际情况，提供能如实反映您收入或经营情况的材料；可参考说明进行准备；我们建议将您的情况向客户经理说明，获取客户经理的合理建议。	企事业职工类 ①一汽财务有限公司或本单位指定格式的收入证明 ②本人工资卡或常用银行卡近6个月对帐单或存折记录/纳税申报单 个体工商户及私营企业主类 ①营业执照、组织机构代码证；验资报告或公司章程；办公场地租赁合同或产权证等 ②公司或本人名下最近6个月银行对帐 ③其他佐证材料：销售单据、经营往来合同、公司资质证书、账本等其他 本人银行卡近6个月对帐单或存折记录，并根据不同情况提供资料，比如： ①租赁类客户提供相关器材所有证明（发票、购买协议等）及出租合同 ②运输类客户提供车辆证明（发票、机动车登记证书、挂靠协议等）及出租合同 ③建筑类客户提供挂靠协议、施工合同、预算或决算书等 ④投资类客户提供相关投资协议、股份证明
6	[驾驶证]	本人或配偶的驾驶证复印件
7	上公司户，需公司作为法人/股东申请人的共同借款人，需要提供资料如下：营业执照、组织机构代码证、税务登记证、验资报告(或公司章程)、银行对帐单、部分业务合同等	
您还可以提供的其他资信证明资料		
1	[学历证明]	本人毕业证/学位证
2	[征信文件]	本人及配偶名下的房贷、车贷、信用卡的还款记录
3	[其他资产证明文件]	如：定期存单；其他有价证券、保险；其他房产的证明文件等

甲方（签字盖章）：

图 5-7（b）

一汽-大众　　Audi 突破科技 启迪未来

6. 忠诚用户折让协定：

6.1 忠诚用户产生的形式：

□同一购车人2次购买

□夫妻间购买

□父母与子女间购买

□同一法人的两家单位间购买

□单位与其法人间购买

□母子公司或同一母公司的两家子公司间购买

6.2 忠诚用户享受的折让金额____________。

6.3 忠诚用户所需资料：

□旧车行驶证、登记证书（或旧车发票）

□新车发票、行驶证

□具有法律效力的证明材料

□组织机构代码证

□营业执照

□户口簿

□结婚证明

□企业验资报告。

6.4 资料提供时间________________截止。

6.5 大客户折让金的返还形式：待客户资料提供完善后，客户凭大客户折让预付款收据到我司办理折让金的返还，自办理之日起，2个工作日内完成。

甲方（签字盖章）：

一汽-大众　　Audi 突破科技 启迪未来

7. 质量保修条款：

7.1质量保证：

7.1.1乙方保证所售车辆是手续合法、齐全的新车，并已做完相关测试和检验。

7.1.2乙方保证甲方享有生产厂对客户车辆提供的售后服务内容。

7.2 保修条款：

7.2.1 在保修期间内，车辆的发动机、变速箱、前后悬挂系统、制动、转向系统、电器等如发生质量问题，则由乙方按照一汽-大众销售有限责任公司规定给予换件保修（通过更换部件可解决的，一律不更换总成），另车辆的易损件（如灯泡、遥控器电池、保险丝、轮胎、火花塞、风档玻璃、雨刮片、制动蹄片、制动盘、制动鼓、空气滤清器、花粉滤清器、汽油滤清器、机油滤清器等易损件及正常磨损件）不能办理索赔。车辆如因甲方使用、保管或保养不当出现问题，由甲方自行负责，乙方不承担责任。

7.2.2 甲方需在甲、乙双方车辆交付手续办理完毕之日（以办理交付手续时签署的交车单日期为准）起五日内或者在视为交付车辆之日起五日内在一汽-大众销售有限责任公司指定的奥迪特约维修中心注册。

7.2.3 车辆的保修期为2年，自车辆PDI日起计算保修期。车辆的保修范围以一汽-大众销售有限责任公司保修范围和规定为准。

7.2.4 7500公里内免费首保且必须在12个月内完成；（进口车不享受首保免费）

7.2.5 在下列情况下，乙方对甲方的车辆不负担保修责任以及车辆质量缺陷的责任：

7.2.5.1 甲方未按一汽-大众销售有限责任公司规定进行保养；

7.2.5.2 甲方未在一汽-大众销售有限责任公司授权的服务中心进行保养。

7.2.5.3 车辆在保修期内如在非一汽-大众销售有限责任公司授权的奥迪汽车特约维修中心进行维修、保养后，一律不予保修；

7.2.5.4 交通事故造成的损坏，不在保修范围之内；

7.2.5.5 所有索赔件外观损坏，均不能办理索赔；

7.2.5.6 车辆安装未经一汽-大众汽车有限公司许可使用的零部件，或车辆未经一汽-大众汽车有限公司许可改装过；

7.2.5.7 由于非正常操作造成的损坏也不在保修之内；

7.2.5.8 超过保修期间的；

7.2.5.9 甲方验车签字确认车辆装备完善后，乙方对车辆出店后出现的易损易掉件问题一律不承担责任。

8、协议未约定的，受《中华人民共和国合同法》约束。

9、本协议一式两份，甲方一份、乙方一份，签字盖章后生效。

甲方：__________乙方（销售经理）：__________计划员：__________销售顾问__________

图5-7（c）

(2) 约定的数量和质量

数量是以数字和计量单位对商务合同标的进行具体的确定，标的的数量也是衡量合同身价的尺度之一。数量也是确定商务合同当事人权利义务范围、大小的依据，如果当事人在商务合同中没有约定标的的数量，也就无法确定双方的权利和义务。

质量是以成分、含量、纯度、尺寸、精密度、性能等来表示合同标的内在素质和外观形象的优劣状态。如产品的品种、型号、规格、等级和工程项目的标准等，合同中必须对质量明确加以规定。

(3) 价款或酬金

价格或者酬金，又称价金，是当事人一方取得标的物或接受对方的劳务而向对方支付的对价。在商务合同标的为物或智力成果时，取得标的物所应支付的对价为价款；在合同标的物为劳务时，接受劳务所应支付的对价为酬金。

(4) 履行的期限、地点和方式

履行期限是当事人履行合同义务的时间规定。履行期限是衡量商务合同是否按时履行的标准，当事人在订立商务合同时，应将商务合同的履行期限约定的明确、具体。

履行地点是当事人履行义务的空间规定，即规定什么地方交付或提取标的。当事人订立商务合同时要明确规定履行合同的地点。

履行方式是当事人履行义务的具体方式。商务合同履行的方式一句商务合同的内容不同而不同。

(5) 违约责任

违约是当事人没有按照商务合同约定的全面履行自己义务的行为。违约责任，是指商务合同当事人因违约应当承担的法律责任。当事人为了确保商务合同的履行，可以在商务合同中明确规定违约责任条款。承担违约责任的方式一般是违约方向对方支付违约金或赔偿金。

(6) 争议的解决方法

争议的解决方法是当事人在履行合同过程中发生争议后，通过什么样的方法来解决当事人之间的争议。争议的解决方法有：协商、调解、仲裁和诉讼。

以一汽大众奥迪某经销商店的销售合同为例，如图5－7所示。

5. 拟定合同时应注意避免的纠纷

在订立合同时尽量应用有关对策预防合同纠纷的发生，以在产生合同纠纷时能达到占有主动权甚至不战而胜的效果。商务谈判双方在拟定合同时，都要仔细阅读合同，如图5－8所示，并注意以下几个方面，可以大大减少合同纠纷的发生。

图5－8　阅读合同

1）签订合同前对交易条件做最后的检索

检索内容包括：明确还有哪些问题没有得到解决、对自己期望成交的没想交易条件进行最后的确认、着手安排交易记录事宜。

2）确保交易条款的准确无误

内容包括：价格方面的问题、合同履行方面的问题、产品规格方面的问题、仓储及运输方面的问题、违约方面的问题等。

3）严格依法签订合同

从法律意义上讲，合同分有效、无效、效力待定三种情形，而法律对有效合同的保护最为严格，因此，依法签订有效合同是预防合同纠纷的根本。效力待定合同或可撤销可变更合同不可能得到法院的全面严格保护，合同当事人也不能实现合同目的，公司在签订合同时应极力避免这几类合同情形的出现。事实上，无效或效力待定的合同对合同当事人的利益影响最大。

4）认真审查对方主体资格和资信能力，防止钓鱼合同出现

签订合同时，要防止虚构的单位或者冒用别人名义的公司与自己签订合同。对无明确授权的代理人、代表人也不能签订合同。订立合同时，还要认真考察对方是否有履约能力，对对方的资金情况及实际生产情况，一定要实际考察或调查，不轻信对方单方面允诺。严防对方以小合同、小标的的履行来换取大合同、大标的的获利，然后就不再履约，要识破对方的钓鱼合同。

5）预防合同中出现陷阱条款

签订合同要坚持权利义务平等，对于己方的履约能力要有正确的估计。若对方一味加大别人的合同义务，而自己却不承担任何实质性义务或责任，就应谨慎与之签订合同。因为一旦出现合同问题，本方将会处于极为不利的境地。

6）坚持书面合同形式，杜绝口头君子协议，重视示范合同的运用

尽管我国《合同法》规定合同可以采用书面、口头两种形式，但签订合同时还是要坚持书面形式，而杜绝口头协议形式。如果当事人缺乏经验，可以参照国家推广的相关示范文本，以避免合同条款的疏漏或不规范。

7）充分重视合同或法律专业人员的利用

无论对于合同的效力，还是履约能力或陷阱条款，公司法人及经营者都因可能缺乏经验而难以准确进行把握。但公司可以充分借助合同或法律专业人员的作用，来预防合同的纠纷。如委派合同或法律人士作代表人签订合同，或委托公证机关进行公证，当然最直接也最普遍的是聘请律师进行咨询解决或向公司常年法律顾问求助。订立合同是一件技术要求高、风险也很大的经营行为，而预防合同纠纷又是订立合同时必须认真考虑和追求的目标。

6. 履行合同

商务谈判合同成功签订后，如图 5-9 所示，谈判双方就需要按照合同中的约定进行履行合约。

商务谈判双方履行合同应遵循下列原则：

1）实际履行原则

实际履行原则也叫实物履行原则，就是当事人必须严格按照合同所规定的标的履行原则。

2）全面履行原则

全面履行原则是指当事人按照合同约定的全部条款来履行自己的义务。就是按照约定的数量、质量、价金、履行期限、履行地点全面完成合同约定义务的履行原则。

图5-9　签订合同

3）协作履行原则

协作履行原则，是指当事人双方要团结协作、互相帮助完成经济合同规定的任务。

4）经济履行原则

要求在履行合同时，讲求经济效益。在履行合同过程中要贯彻经济合理原则，债务人在履行债务时可以选择合理的运输方式，合理的履行期限履行合同义务，当履行原合同的费用超过原合同的价值时，可以适当考虑用其他方法来代替原合同的履行。

小组演练

1. 提出演练要求

（1）指导老师对全班学生进行分组，6～8人为一个组，选出组长，组长带领组员以组为单位进行情境演练。

（2）组长以组为单位，带领组员根据表5-3中的剧本内容进行演练，角色扮演人员由小组内部自定。

（3）组长选出两名代表上台表演，同学们发挥想象力，表演中注意运用积极的肢体语言，车辆销售订单可采用教材中奥迪销售公司的订单。

（4）表演结束后，老师完成学习评估表。

表5-3　情境演练剧本

情境演练剧本			
【场景描述】 客户张先生与销售顾问进行最后的签订订单环节			
销售顾问		客　户	
剧 本 内 容			
销售顾问："张先生，下面我们就刚刚说定的这款车签订以下订车合同，您看好吗？" 客　　户："好的。" 下面边填写合同，边向客户确定之前确定的信息。 销售顾问："张先生您的身份证带了吗？我填写一下您的基本信息。" 客　　户："给。" 销售顾问："张先生，您现在是在跟××××汽车销售有限公司签订的订车合同，下面我向您核对一下您所定车辆的详细信息，您有问题吗？"			

（续表）

对话内容
客　　户："没有。" 销售顾问："张先生，您今天想定的是×××牌×××型号的汽车，对吧？" 客　　户："对。" 销售顾问："请问张先生您要订购什么颜色的？" 客　　户："黑色。" 销售顾问："内饰颜色呢。" 客　　户："浅色。" 销售顾问："那您还有什么其他要求么？" 客　　户："除了原车带的这些配置，我还要加装一个原厂的导航。" 销售顾问："没问题，张先生，除了导航您还需要什么？" 客　　户："别的不需要了。" 销售顾问："张先生，我向您说一下您定的这款车，您再想想还有没有遗忘的好吗？您定的是×××牌×××型号，黑色浅内饰的一款车，加装一个原厂的导航，这车的原车价是19万元，加装完导航的价格是19.2万元，您看没有问题吧。" 客　　户："没有问题。" 销售顾问："张先生，从您签订合同开始算起，您定的这款车除不可抗拒因素外，需要一个月的时间才能到，如有变动我会提前通知您，也希望您能谅解好吗？" 客　　户："行，到了给我打电话。" 销售顾问："行，没问题，张先生，当我们通知您可以提车时，请您尽量在7个工作日之内来店提车，如果您不能来店也可委托他人前来办理，但必须要您的委托书、您和您的委托人的身份证前来办理。" 客　　户："行，我肯定会来。" 销售顾问："张先生，这是刚刚根据您的要求来填写的订车合同，您看一下有没有问题？" 客　　户："行，没问题。" 销售顾问："那好，张先生，如果没有问题，咱们交一下定金，公司规定定金要收取总车价的20%，也就是3.84万元整，您是刷卡还是现金呢？" 客　　户："为什么要这么多？少交点不行吗？车我肯定会要的。" 销售顾问："不好意思张先生这是公司的规定，到您提车的时候您只需拿着订车合同还有收据再交80%的车款就可以提车了，要是您不方便的话也可以刷卡或者把钱打到我们公司账户上都可以的。" 客　　户："那我刷卡吧。" 销售顾问："张先生您再看一下合同如果没有问题请您在这确认签字。" 销售顾问："张先生您拿好您的身份证请来这边交一下钱。" 销售顾问："张先生，请拿好您的订车合同和收据，我马上给您订车，如有其他的变动，请您第一时间通知我，好吗？" 客　　户："好的。"

2. 进行演练

3. 学习评估

指导老师根据各组员的个人表现及其所在小组的团体表现，对其讨论过程进行评估。评估标准如表5-4所示。

表5-4　学习评估表

评估内容	满　分	得　分
1. 声音适量，字句清楚，语速适当，亲和力强		
2. 组员积极参与的程度及团队意识		
3. 想象力的发挥		
4. 运用积极的肢体语言		
5. 表演效果		

代　跋

实施 EIS 平台战略、建立教产合作长效机制

——在全国机械职业教育教学指导委员会委员扩大会议上的发言

邹晓东　博士
全国机械职业教育教学指导委员会产教合作促进与指导委员会　主任委员
上海中锐教育投资(集团)有限公司　董事　总经理

中锐教育集团是总部设立在上海的教育投资、教育管理和教育服务机构，成立于 1996 年，迄今已有 17 年办学历史。我们先后投资兴办了多种不同类型的学校，包括无锡南洋职业技术学院、新加坡南洋现代管理学院、苏州外国语学校、合肥外国语学校，还有专门为在华外籍人士子女开设的伊顿国际学校等比较知名的学府。还协助政府开发、建设教育园区，如苏州高教园区、上海中锐教育港等。职业教育是中锐教育集团的核心和龙头。我们始终在研究如何为经济与社会发展提供更好的教育服务，如何为重点产业发展提供更有力的人才支撑。2007 年，中锐教育集团投资并创立"华汽教育"品牌，首先在汽车职业教育领域探索、实践，并取得阶段性的经验和成果。

把我们这几年的经验进行归纳，可以总结为以下三句话："建立岗位人才标准、实施教产平台战略、落实两个支撑"。

首先，建立岗位人才标准。五年来，我们与大型汽车企业一起研究、开发和制订企业岗位人才标准，并将岗位标准导入职业教育的教学标准，以此为基准构建标准化的人才培养体系，包括符合行业和企业需求的人才能力模型和培养标准、符合教育和认知规律的培养计划和课程、立体化的教材、课件、仿真软件系统、师资标准和认证，以及企业级的校内实训中心建设，组织开展独具特色的全国性学生技能大赛，等等。我们每年举办的"华汽教育教学研讨会"，已经成为中锐与全国合作企业、合作院校共同推动定标、贯标、教改、课改的一种有效机制和传统。部分企业岗位标准正在上升为行业标准。

实施 EIS 平台战略。我们将汽车职业教育利益关联的若干特定群体，包括教育者和供给者(院校)、学习者(学生)、使用者(企业)等，联结在"华汽教育"的平台上并促进其交流和互动；今天，该平台上已经有全国 40 所高职院校、50 家全国性的大型汽车企业集团(我们牵头创建了 50club 全国汽车企业人力资源发展联席会议)，而为学习者提供职业发展和终身教育服务的"中锐汽车人才网"则联系着数万名在校生和几十万名在职学习者。"共同办学、共同育人、共同投资、共同发展"，办学规模和办学质量不断提升，"华汽教育"全国院校已经成为我国汽车行业高素质高技能人才输出的重要平台。

EIS 平台正在继续纵深发展：2013 年，我们与中国最大的汽车集团之一的庞大集团、合资设立

的大型培训基地——河北庞锐汽车商学院已经开学，该基地专门为全国院校汽车专业高年级学生提供 3—6 个月岗前培训和向大型企业集团规模输出高素质高技能毕业生，目标年培训 1 万人次。2013 年，专门为中职院校和中职学生量身定制的“优卡曼”项目也正式推出，首批 11 所院校已签约。我们将紧抓岗位标准、全面升级和推出第三代华汽课程体系；在全国 100 所高职或中职院校投资建设实训中心；与汽车行业共同打造三到四个大型、区域性培训基地，全面对接大型汽车企业集团的全国布局和人才需求。

落实两个支撑，即落实教育国际化支撑和教育信息化支撑以促进持续提升。中锐教育集团在 1999 年就获得了教育部颁发的全国首批出国留学服务资质，14 年来，在帮助数以万计的学子出国深造的同时，也积极开展国际教育合作，持续学习、借鉴、引进国际先进教育资源、先进教育理念和方法；在汽车职业教育领域，重点学习和借鉴德国双元制职业教育模式和美国社区学院的学历衔接模式。同时，我们深刻认识到教育信息化，既是手段，也是目的；2012 年 7 月，中国第一家专业研发汽车仿真实训软件的沈阳敏捷科技公司整体加入中锐教育集团；2012 年 10 月，“华汽教育全国院校教研平台”建设项目正式启动；2012 年 12 月，“华汽教育中央演播室”建设项目正式启动。

2010 年 10 月 11 日，中锐教育集团荣获“全国汽车行业示范职教集团”称号；2010 年 12 月 13 日，教育部副部长鲁昕女士亲自为中锐教育集团与辽宁装备制造职业技术学院共建的“中锐汽车学院”揭牌；2011 年，中锐教育集团又先后荣膺“全国商业服务业校企合作与人才培养优秀企业”和“全国服务外包人才培养校企合作贡献奖”；2011 年，共有 11 名华汽教师获得“全国教师教学能力竞赛”大奖，全国高职高专校长联席会和教育部职成司领导专门为教师颁奖并祝贺。2012 年 4 月，中锐教育集团举办第二届“中锐杯”全国职业院校汽车专业学生技能大赛，参赛院校 134 个，规模空前。2012 年 12 月，中锐教育集团荣膺“新浪教育盛典全国最具品牌知名度职教集团”。

我国正处于发展实体经济和发展职业教育的最佳时期。中锐教育集团将继续不懈努力，将“华汽教育”教产合作平台模式从规模、范围、质量、效益等多个维度上推向新的高度；借鉴“华汽教育”已取得的教产合作经验，中锐教育集团将为社会、行业和院校奉献更多的优秀产品和服务。

2013 年 4 月 13 日

中锐教育集团与上海通用汽车公司签订ASEP合作项目

中锐教育集团与上海大众汽车公司签订SCEP合作项目

中锐教育集团华汽学子自主研制“中锐1号”赛车参加“第三届”中国大学生方程式汽车大赛

《东方卫视》现场采访中锐教育集团合作伙伴AHK德方负责人Jan Noether博士

中锐教育集团与南京依维柯汽车公司签订战略合作协议

中锐教育集团与中国汽车工业国际合作总公司签订人才合作协议

中锐教育集团成功承办“2011年教育部全国高职高专第二届汽车系主任论坛”

中锐教育集团成功举办“2012中国上海·职业教育合作高峰论坛”

中锐教育集团成功承办“2013年全国机械职业教育教学指导委员会扩大会议”

中锐教育集团连续举办“中国汽车经销商企业人力资源发展联席会议”

中锐教育集团牵手全国排名第一的大型汽车企业一庞大汽贸集团共建庞锐汽车商学院

中锐教育集团每年举办“全国华汽教育教学工作研讨会”

中锐教育集团每年举办“全国华汽教育师资培训”

中锐教育集团成功举办“2013第三届中锐杯全国职业院校汽车专业学生技能大赛”（江西南昌）

中锐教育集团成功举办“2011年全国高等学校汽车专业学生职业技能大赛”（江西南昌）

中锐教育集团成功举办“2012年全国高等学校汽车专业学生职业技能大赛”（江苏南京）